Hubert Albus

Von Napoleon Bonaparte bis zum Scheitern der Revolution 1848

Strukturierte Stundenbilder für den Geschichtsunterricht

Kopiervorlagen mit Lösungen

BRIGG VERLAG

Symbole

Nachschlagen in Büchern, Lexika, Quellentexte

Recherchen im Internet

Informationen durch Filme

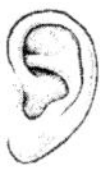
Informationen durch Tonträger

Betrachten und Interpretieren von Kunstwerken

Betrachten und Interpretieren von historischen Fotografien

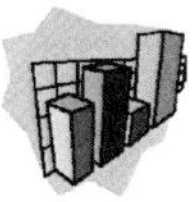
Auswerten von Grafiken und Statistiken

Texte genau lesen und werten

Gedruckt auf umweltbewusst gefertigtem, chlorfrei gebleichtem
und alterungsbeständigem Papier.

3. Auflage 2021

ISBN 978-3-95660-**060**-9

www.brigg-verlag.de

Inhaltsverzeichnis

Vorwort

Geschichte als Schulfach vermittelt einerseits Grundwissen, das Orientierung in Raum und Zeit ermöglicht. Und diese Eckdaten sollten tatsächlich auswendig gelernt werden. Andererseits lernen die Schülerinnen und Schüler die historischen Gegebenheiten kritisch zu hinterfragen bzw. zu durchleuchten. Geschichte soll als subjektiver Interpretationsprozess begriffen werden – sie ist oftmals eine Rekonstruktion der Ereignisse.
Schülerinnen und Schüler sollen sich die Standort- und Zeitgebundenheit des Lebens und Denkens bewusst machen, sich mit alternativen Handlungsmöglichkeiten in der Geschichte auseinandersetzen, Perspektiven entwickeln, ihre Urteilsfähigkeit schulen und ihre Zukunft gestalten lernen.
Wenn Geschichte in der Schule wenigstens einen Beitrag dazu leisten kann, dass junge Menschen durch die Beschäftigung mit der Vergangenheit sich über ihre Gegenwart verständigen und so zukunftsfähig werden, dann ist viel erreicht.
Natürlich verlangt ein effektiver Geschichtsunterricht bestimmte Kernkompetenzen. Dazu zählen **Fotos** betrachten und prüfen, **Kunstwerke** untersuchen und verstehen, **Denkmäler** anschauen und bewerten, **politische Plakate** untersuchen, **Karten** „lesen" und auswerten, **Schaubilder** und **Diagramme** erklären, **Karikaturen** betrachten und interpretieren, **Referate** vorbereiten und halten, **Fachliteratur** sowie **Quellen** finden und auswerten, **Erkundungen** planen und durchführen sowie **Poster** erstellen und präsentieren. Diese Kernkompetenzen werden in der Reihe „Kompetent in Geschichte" besonders berücksichtigt.

Jeder Band ist nach demselben Prinzip aufgebaut. Auf ein gut strukturiertes Stundenbild folgt ein optisch wie inhaltlich ansprechendes Arbeitsblatt, das die Quintessenz der betreffenden Unterrichtseinheit darstellt. Dazu werden noch zahlreiche Materialien wie Porträts historischer Persönlichkeiten, Quellenberichte, Karten, Bilder und Grafiken auch mit Bezügen zur Gegenwart angeboten. Das Lösungsblatt folgt unmittelbar dem Arbeitsblatt.
Besonderen Wert wird auf einen motivierenden Einstieg gelegt. Häufig können Sie Bilder einsetzen, die als stummer Impuls an die Tafel (Vergrößerung mindestens auf DIN A3) gehängt bzw., falls Sie diese auf Folie kopieren, an die Wand geworfen werden können und als Sprechanlass dienen.
Für den Unterrichtenden bedeutet der Einsatz dieser Reihe zum einen eine erhebliche Arbeitserleichterung, zum anderen die günstige Chance, Schülern Geschichte auf anspruchsvollere Art „schmackhaft" zu machen und nahezubringen.

Viel Freude und Erfolg mit diesem Band
wünschen Ihnen

Autor und Verlag

Napoleons Aufstieg

Lerninhalte:

- Kennenlernen von zwei Gemälden, die den jungen Napoelon zeigen
- Wissen um die Stationen des Aufstiegs Napoleons in chronologischer Abfolge
- Wissen um die Bedeutung des Code Civil als Grundlage der europäischen Rechtssprechung
- Herausfinden von Charaktereigenschaften Napoleons
- Anfertigen und Halten eines Kurzreferates über die Stationen des Aufstiegs Napoleons

Arbeitsmittel/Medien:

- Arbeitsblätter 1/2
- Infoblätter 1/2: Napoleons Aufstieg
- Infoblatt 3: Der Ägyptenfeldzug
- Infoblatt 4: Napoleons Staatsstreich
- Infoblatt 5: Der Code Civil
- Bilder 1/2/3/4/5 für die Tafel: Französische Revolution
- Bilder 6/7 für die Tafel: Napoleons Italienfeldzug
- Bild 8 für die Tafel: Admiral Nelsons Sieg über die französische Flotte bei Abukir 1798
- Bild 9 für die Tafel: General Bonapartes Staatsstreich in St. Cloud am 9./10. November 1799
- Folie 1: Von wem stammen folgende Aussprüche?
- Folien 2/3: Lösungen Arbeitsblätter 1/2
- Video 4202687: Der Austieg (2002; 22 Minuten; farbig)

Folie 1

Von wem stammen folgende Aussprüche?

„Ein Kopf ohne Gedächtnis ist eine Festung ohne Besatzung."

„Es gibt keine schlechten Mannschaften, Marschall. Es gibt nur schlechte Offiziere."

„Von Frauen spricht man nicht. Man beschäftigt sich mit ihnen."

„Das Recht liegt auf der Seite der meisten Bataillone!"

„Im Krieg und in der Liebe ist alles erlaubt."

„Um die Außenpolitik eines Landes zu verstehen, braucht man nichts weiter als eine Landkarte."

„Eine Frau verlässt einen Mann nicht, weil er sie betrügt, sondern – weil er sie langweilt."

„Es gibt kein gutmütigeres, aber auch kein leichtgläubigeres Volk als das deutsche. Keine Lüge kann grob genug ersonnen werden, die Deutschen glauben sie. Um eine Parole, die man ihnen gab, verfolgen sie ihre Landsleute mit größerer Erbitterung, als ihre wirklichen Feinde."

„Ihr verdientet, dass ich Euch wie ein Glas zerbreche. Dazu habe ich die Macht, doch ich verachte Euch zu sehr, als dass ich mir die Mühe machte. Warum habe ich Euch nicht am Gitter des Carrousels aufknüpfen lassen? Aber dazu ist immer noch Zeit. Nehmt das, Ihr seid Scheiße in einem Seidenstrumpf!"

(Der Ausspruch vom 28. Januar 1809 galt Talleyrand, nachdem dieser mit Zar Alexander I. über die Ablehnung eines Bündnisses mit dem Kaiserreich Frankreich verhandelt hatte.)

Verlaufsskizze (2–3 UE)

I. Motivation

Stummer Impuls	Tafel Bilder 1–5 (S. 7–11)	Französische Revolution
Aussprache		Wiederholung: Französische Revolution
Impuls	Folie 1 (S. 5)	L: Eine neue Epoche Frankreichs läutet ein Mann ein, vom dem diese Aussprüche stammen.
Aussprache		
Stummer Impuls	Tafel Bilder 6/7 (S. 12/13)	Napoleon überschreitet den großen St.-Bernhard-Pass Bonaparte auf der Brücke von Arcole
Überleitung		L: Kennenlernen des rasanten Aufstiegs eines Mannes, der Europa in seinen Grundfesten erschüttern und massiv verändern wird.
Zielangabe	Tafel	**Der Aufstieg Napoleons**

II. Begegnung/Erarbeitung

Arbeitsaufträge Gruppenarbeit Kurzreferate Aussprache	Infoblätter 1/2 (S. 14/15)	Napoleons Aufstieg L: Erstelle mit deiner Gruppe ein Kurzreferat. Fertige zuvor Stichwortkärtchen an. Verwende auch Informationen aus dem Internet.
Zusammenfassung	Arbeitsblatt 1 (S. 21)	Napoleons Aufstieg (1)
Lösung/Kontrolle	Folie 2 (S. 22)	
Stummer Impuls	Tafel Bild 8 (S. 17)	Admiral Nelsons Sieg über die französische Flotte bei Abukir am 1. und 2. August 1798
Aussprache		
Text erlesen	Infoblatt 3 (S. 16)	Der Ägyptenfeldzug
Aussprache		
Stummer Impuls	Tafel Bild 9 (S. 19)	General Bonapartes Staatsstreich in St. Cloud am 9./10. November 1799
Aussprache		
Text erlesen	Infoblatt 4 (S. 18)	Napoleons Staatsstreich
Aussprache		
Erlesen mit Aussprache	Infoblatt 5 (S. 20)	Der Code Civil

III. Wertung

Impuls		L: Bewerte die Aussagen anhand des bisherigen Lebenslaufs.
Aussprache		
Impuls		L: Versuche Napoleon zu charakterisieren.
Aussprache		
Zusammenfassung	Tafel	

IV. Sicherung/Zusammenfassung

Zusammenfassung	Arbeitsblatt 2 (S. 23) Atlas/Karte	Napoleons Aufstieg (2)
Aussprache		
Lösung/Kontrolle	Folie 3 (S. 24)	
Zusammenfassung	Video	Der Aufstieg (22 Minuten; farbig)
Aussprache		

Klerus und Adel werden vom Dritten Stand getragen. Karikatur (1789)

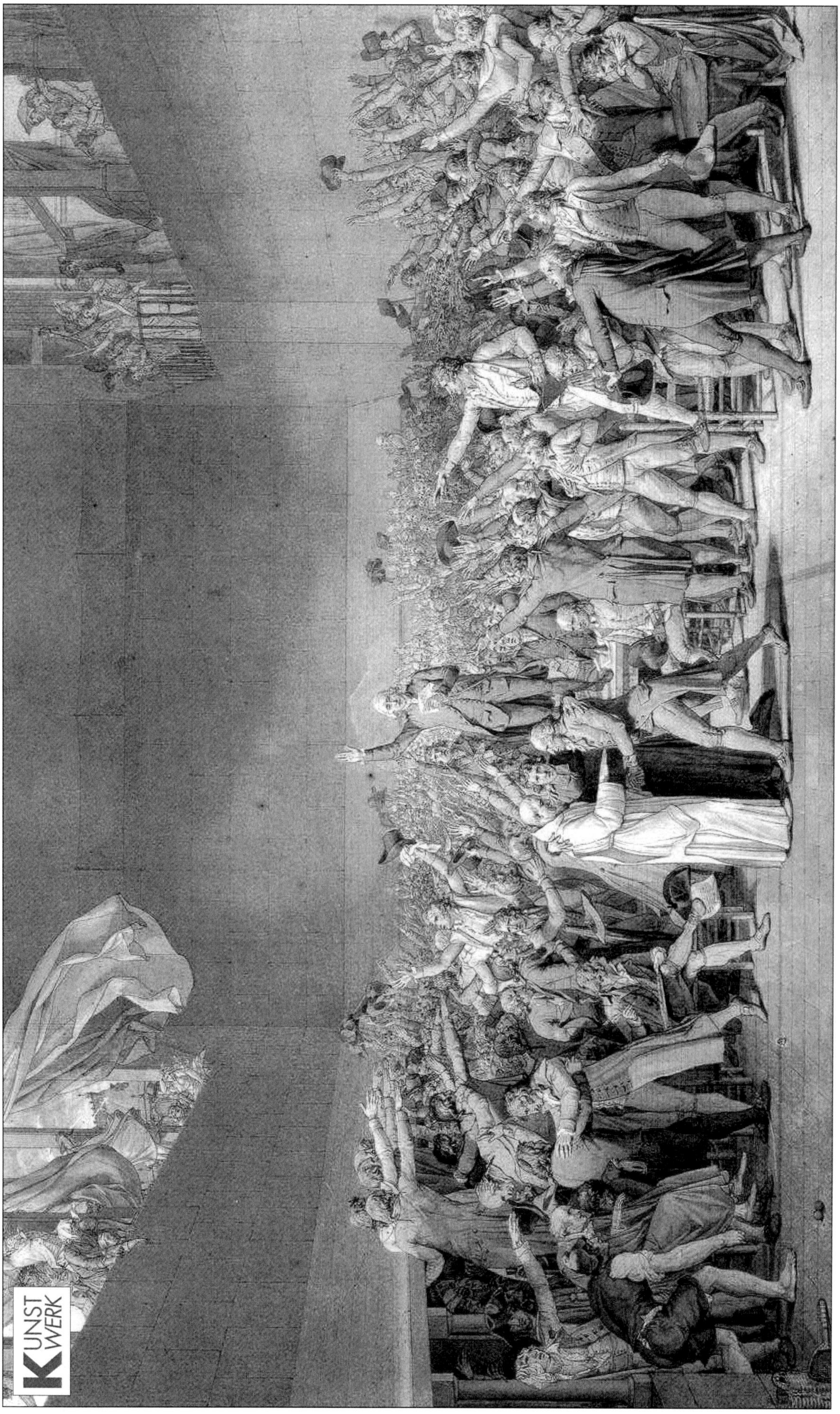

Im „Ballhausschwur“ vom 20. Juni 1789 gelobten die Abgeordneten des Dritten Standes der französischen Generalstände in einer Ballsporthalle in Versailles, nicht auseinanderzugehen, bevor sie Frankreich eine Verfassung gegeben hätten. Gemälde von Jacques-Louis David (1791)

Der „Sturm auf die Bastille“ am 14. Juli 1789 gilt als symbolischer Auftakt und Geburtsstunde der Französischen Revolution.
Gemälde von Jean-Pierre Houël (1789)

Hinrichtung Ludwig XVI. („Bürger Louis Capet") am 21. Januar 1793
Illustration von Otto Meyer-Wegner, 1909

Die Guillotine war eine „effiziente“ Tötungsmaschine während der französischen Revolution.

Napoleon überschreitet den großen St.-Bernhard-Pass
Gemälde von Jacques-Louis David (1799)

Hubert Albus: Von Napoleon Bonaparte bis zum Scheitern der Revolution 1848

Bonaparte auf der Brücke von Arcole
Gemälde von Antoine-Jean Gros (1801)

Napoleons Aufstieg

1769
Napoleon wird als viertes der insgesamt zwölf Kinder von Carlo Bonaparte und Laetitia Ramolina am 15. August in Ajaccio (Korsika) geboren.

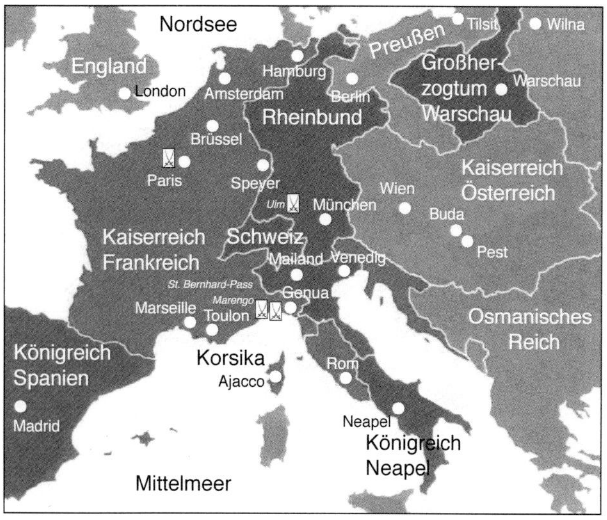

1779
Napoleon erhält ein Stipendium an den Militärschulen von Brienne und Paris. Schon im Alter von 16 Jahren wird der nur 1,60 m große Mann aufgrund seiner großen Begabungen im mathematischen Bereich zum Offizier ernannt.

1793
Der junge Offizier schlägt einen gegen die Revolution gerichteten Aufstand in Toulon nieder und wird zum Brigadegeneral befördert.

1795
Bonaparte schlägt am 5. Oktober in Paris einen Aufstand königstreuer Anhänger (Royalisten) nieder und wird kommandierender General der französischen Heimatarmee.

1796
Napoleon heiratet am 9. März Marie Josephe Rose de Tascher de la Pagerie, Witwe des Generals Beauharnais und Mutter von zwei Kindern. Zwei Tage später kämpft er als Oberbefehlshaber der Armee in Italien gegen Österreich (1. Koalitionskrieg, der von 1792 bis zum Januar 1797 dauert) und eilt von Sieg zu Sieg. Er gewinnt alle Schlachten, u. a. bei Montenotte, Millesimo, Mondoni, Lodi, Castiglione, Bassano, Arcole und Rivoli.

1797
Friedensschluss am 17. Oktober in Campo Formio in Norditalien mit Österreich. Als Sieger annektiert Frankreich das linke Rheinufer.

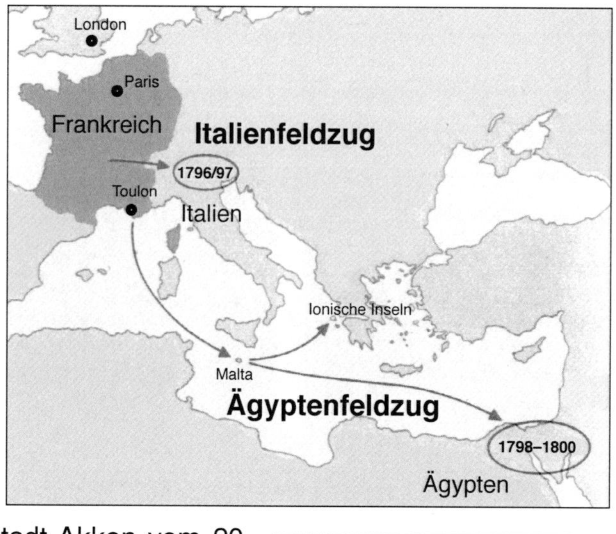

1798
Beginn des Ägyptenfeldzugs, um den englischen Einfluss im Nahen Osten einzuengen und Englands Handel mit Indien lahm zu legen. Ägypten ist zu dieser Zeit eine Provinz des Osmanischen Reichs. Napoleon erobert Alexandria und besiegt das osmanische Heer in der Schlacht bei den Pyramiden am 21. Juli. Allerdings wird die französische Flotte in der Seeschlacht von Abukir Anfang August von der englischen Flotte unter Führung von Admiral Nelson vernichtend geschlagen. Damit ist Napoleon mit seinem Heer von Frankreich abgeschnitten.

1799
Napoleon belagert in Ägypten die osmanische Stadt Akkon vom 20. März bis zum 21. Mai, kann die Stadtfestung aber nicht einnehmen. Der Ägyptenfeldzug ist gescheitert.

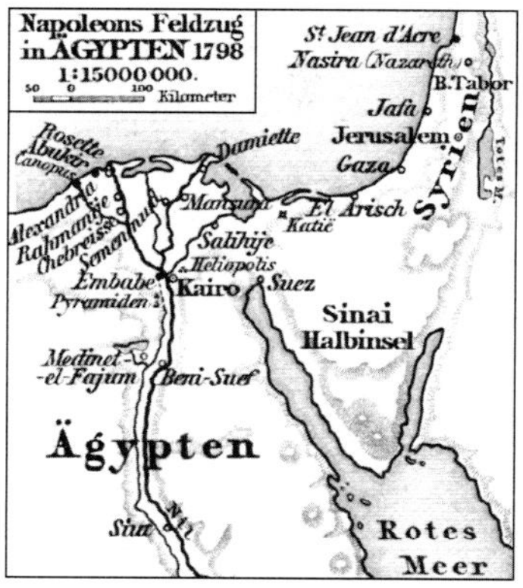

Napoleon verlässt seine Truppen in Ägypten und kehrt nach Frankreich zurück, weil die Republik durch eine Koalition königstreuer Anhänger (Royalisten) gefährdet war.

Nach einem erfolgreichen Staatsstreich, bei dem Napoleon mit seinem Bruder Lucien das Direktorium absetzt, wird er am 9. November zum Ersten Konsul auf zehn Jahre ernannt. Napoleon hat nun die diktatorische Vollmacht. Obwohl er kurz darauf Erster Konsul auf Lebenszeit wird, hat er dieses Amt aber nur bis zu seiner Kaiserkrönung 1804 inne.

1800
Ab 1800 findet der Krieg zwischen Frankreich und einer Koalition aus Österreich, England, Russland, dem Osmanischen Reich, Portugal, Neapel und dem Kirchenstaat auf italienischem und österreichischem Boden statt (2. Koalitionskrieg).
Napoleon besiegt seinen Gegner in 26 Schlachten, u. a. bei Marengo und Hohenlinden.

1801
Am 9. Februar wird der Friede von Lunéville zwischen Frankreich und Österreich sowie dem Heiligen Römischen Reich Deutscher Nation geschlossen. Das linke Rheinufer mit den Städten Aachen, Köln, Mainz, Worms und Speyer müssen an Frankreich abgetreten werden.

1802
Im Frieden von Amiens wird der Konflikt mit England für ein Jahr ausgesetzt. Napoleons sucht auch den Ausgleich mit der Kirche durch ein Konkordat.
Napoleon festigt Frankreichs Gesellschaftssystem, wobei das Großbürgertum die führende Rolle spielt. Ein von Napoleon auf den Weg gebrachtes Reformpaket nimmt sich mit Erfolg die Modernisierung der Verwaltung, des Schulwesens und des Rechts („Code Civil") an.

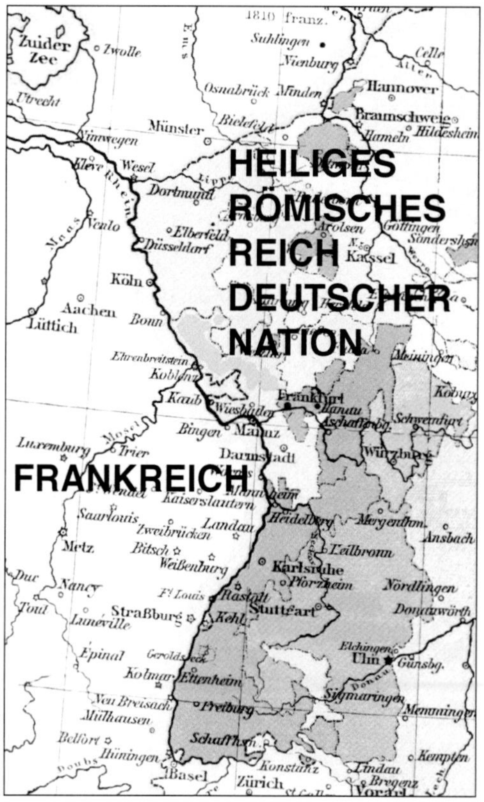

1803
Alle deutschen Landesherren, die linksrheinischen Besitz verloren haben, sollen entschädigt werden. Auf dem immerwährenden Reichstag in Regensburg wird darüber mit Napoleon verhandelt. Es kommt zum Reichsdeputationshauptschluss, der eine Säkularisierung („Verweltlichung") von Kirchenbesitz vorsieht. Folglich werden vier Erzbistümer, 18 Bistümer, rund 300 reichsunabhängige Abteien und Klöster, 45 Reichsstädte und die Besitzungen von 1500 Reichsrittern aufgelöst und den Landesfürsten als Entschädigung übergeben. Durch diese Beseitigung der Mehrzahl der über 300 selbstständigen deutschen Kleinstaaten wird die deutsche Einheit entscheidend gefördert, denn es bleiben im Rahmen dieser Zusammenlegung nur noch 41 Flächen- und Stadtstaaten übrig.

Arbeitsaufgaben:

❶ Markiere bei jeder Jahreszahl das historische Ereignis. Schreibe diese neun Ereignisse mit der betreffenden Jahreszahl auf Stichwortkärtchen.

Beispiel:

1769
Geburt in Korsika

1798
Ägyptenfeldzug

❷ Betrachte die Karten. Wo liegen Korsika, Toulon, Paris? Wo liegt Ägypten?

❸ Finde mithilfe des Textes den beruflichen Aufstieg Napoleons heraus. Schreibe die jeweilige Position Napoleons auf ovale Stichwortkärtchen.

Beispiel:

1775
Offizier

1793
Brigadegeneral

❹ Bereite mit deinem Partner oder in deiner Gruppe eine Präsentation vor. Dabei sollst du die Stichwortkärtchen benutzen. Denke daran, dass zur Veranschaulichung der Ereignisse Karten (Wandkarte oder Karten auf OHP-Folie) notwendig sind.

Der Ägyptenfeldzug 1798

„Der Obergeneral der Orientarmee, Bonaparte, wird die ihm anvertrauten Streitkräfte zu Wasser und zu Lande auf Ägypten richten und sich dieses Landes bemächtigen. Er wird die Engländer aus allen ihm dort erreichbaren Besitzungen im Osten treiben und insbesondere alle ihre Handelsniederlassungen am Roten Meer zerstören. Er wird die Landzunge von Suez durchstechen, um der französischen Republik den freien und ausschließlichen Besitz des Roten Meeres zu sichern!“

Mit diesem Befehl der Pariser Regierung in der Tasche ritt im Juli 1798 Napoleon an der Spitze eines Heeres von 25 000 Mann durch die ägyptische Wüste auf Kairo zu. Es war, als fielen die Gluten der Hölle auf die marschierenden Soldaten.

Fünf Tage schon schlich die Armee durch den ausgedörrten Wüstensand. Kein Baum spendete Schatten, kein sprudelnder Quell erquickte die dürstenden Krieger. Die Zunge klebte ihnen am Gaumen. Aber ergeben folgte die Armee ihrem Feldherrn durch die Hitze der Wüste.

„Der Nil! Der Nil!“ Wie ein jubelnder Aufschrei erklang plötzlich der Ruf aus Tausenden von ausgedörrten Kehlen. Vergessen waren die Qualen der letzten Tage. Die ermattete Armee lief auseinander. Alles rannte an das erquickende Wasser, stürzte sich hinein und kühlte die heißen Glieder.

Dann ging es weiter, von jetzt an immer am Nil entlang – noch neun Tage. Plötzlich tauchte wie in einem Märchen aus Tausendundeiner Nacht ein Wald von schlanken Türmen vor ihnen auf, die eine gewaltige Kuppel in ihrer Mitte umrahmten. Es war Kairo, die Hauptstadt Ägyptens, das Ziel. Aber dicht neben Kairo drohte noch immer die gelbe Wüste mit ihrem grünvioletten Horizont. Und hinein ragten in diese Wüstenwelt gewaltige, dunkle Schatten.

„Was ist das?“, fragten erstaunt die Soldaten.

„Die Pyramiden, die Gräber der ägyptischen Könige!", antworteten die Offiziere und sahen selbst voll Ehrfurcht diese Berge von Menschenhand an. Immer deutlicher stiegen die Steinkolosse der Pyramiden aus der gelben Wüste empor und immer prächtiger erschien Kairo den französischen Soldaten. Dort gab es Ruhe und Brot und Wein im Überfluss.

„Aber was für eine blitzende und schimmernde Masse steht dort vor den Mauern der Stadt?“, fragten die Soldaten.

„Das sind die Mamelucken, Ägyptens berühmtes Reiterheer!", war die Antwort. Manches Kriegerherz war wie gelähmt bei dieser Auskunft. Die Mamelucken waren es, die verwegenen, tapferen Wüstensöhne, die auf windschnellen Rossen heranstürmten und alles niederritten und zusammenschlugen.

„Die Regimenter im Viereck aufmarschieren lassen und an jeder Ecke vier Kanonen aufstellen!“

Fünf gewaltige Vierecke waren in einer Stunde bereit, den Ansturm der Mamelucken aufzuhalten, fünf lebende Festungen mit einer drohenden Stachelmauer von Bajonetten. Mittendrin hielt Napoleon auf einem weißen Arberhengst. Er zeigte auf die gewaltigen Pyramiden und rief den Kriegern zu: „Soldaten, vierzig Jahrhunderte blicken von der Höhe dieser Pyramiden auf euch herab! Dort stehen die Mamelucken, die gerufen haben, dass sie uns die Köpfe wie Melonen auf dem Feld abschneiden wollen. Soldaten, beweist ihnen, dass ihr Franzosen seid!“

Da brausten auch schon die zehntausend Reiter heran. Die Erde dröhnte unter dem Hufschlag der Rosse, die Luft erzitterte unter dem Kriegsgeschrei und den Allahrufen der Reiter. Napoleons Soldaten aber erwarteten mit zusammengebissenen Zähnen die tollkühnen Scharen; alle wussten, dass nur der Sieg die Armee retten konnte. Kanonenhagel und Gewehrsalven rissen furchtbare Lücken beim anstürmenden Feind. Trotzdem stürzten sie bis dicht vor die Vierecke, aber sie kamen nicht durch. Sie jagten zurück und unternahmen einen neuen Ansturm. Vergebens.

Am anderen Tage zog die französische Armee in Kairo ein. Napoleon hatte Ägypten erobert und konnte weiter den Befehl der Pariser Regierung ausführen.

Da traf am 7. August eine Schreckenskunde ein:

„Die Kriegsflotte, die Napoleon mit seiner Armee nach Ägypten gebracht hat, ist von den Engländern unter Admiral Nelson bei Abukir vernichtet worden. Entsetzen überfiel die Offiziere und Mannschaften. „Wie sollen wir zurück?“, hieß es.

„Man muss den Kopf oben behalten“, war die kurze Antwort Napoleons, „unsere Aufgabe ist noch nicht beendet.“

Hubert Albus: Von Napoleon Bonaparte bis zum Scheitern der Revolution 1848
Best.-Nr. 060

Admiral Nelsons Sieg über die französische Flotte
bei Abukir am 1. und 2. August 1798

Napoleons Staatsstreich 1799

Nach Robespierres Hinrichtung 1794 herrschte Chaos in Frankreich. Fünf Jahre nach Beginn der Französischen Revolution 1789 war Frankreich schwer gezeichnet von Krieg und Bürgerkrieg, wirtschaftlichem Elend und Hungersnot. Die Ideale der Französischen Revolution gehörten der Vergangenheit an.

Die Regierung des Direktoriums war mit den wirtschaftlichen und militärischen Schwierigkeiten überfordert. Es drohte ein Staatsstreich der Royalisten, der Befürworter einer Monarchie. Zwei der fünf Direktoren, Emmanuel Joseph Sieyès und Roger Ducos, suchten deshalb nach einem starken Mann, der die Republik wiederherstellen konnte, wenn nötig mit Gewalt. Beide spielten selbst mit dem Gedanken, einen Staatsstreich durchzuführen und hofften dabei auf die militärische Hilfe Napoleons, der am 22. August 1799 heimlich aus Ägypten zurückgekehrt war.

Am 9. November 1799 wurde die Nationalversammlung unter dem Vorwand eines bevorstehenden Putsches der neu formierten radikalen Anhänger der Revolution auf das Schloss von Saint-Cloud evakuiert. Napoleon hatte die Stadt Paris zu sichern. Das fünfköpfige Direktorium trat zurück.

Am 10. November war Frankreich ohne Führung. Die Mitglieder des Direktoriums waren abgesetzt oder inhaftiert. Paris war von den Soldaten Napoleons besetzt. Das Parlament im Schloss von Saint-Cloud wurde von Soldaten umstellt. Die im Saal versammelten Abgeordneten des Rates der Fünfhundert verweigerten ihre Zustimmung zu der ihnen von den Putschisten um Napoleon vorgelegten Verfassungsänderung. Der als Redner unbegabte und unerfahrene Bonaparte hatte zuvor schon vor dem Oberhaus, dem Ältestenrat, mit seinen Überzeugungsversuchen wenig Anhänger gewinnen können. Auch vom Rat der Fünfhundert erhielt er mit Rufen wie „Nieder mit dem Diktator!" eine Abfuhr. Die Abgeordneten versuchten Napoleon zu überwältigen und als Putschisten festzunehmen, doch sein Bruder Lucien Bonaparte, der Vorsitzende des Rates der Fünfhundert, griff zur Rettung Napoleons ein. Er teilte den draußen wartenden Truppen mit, ihr General Napoleon und die Abgeordneten würden von Aufständischen mit dem Tode bedroht. Die Soldaten evakuierten unter dem Befehl des Kavallerieoffiziers Joachim Murat – des späteren Schwagers Napoleons und späteren, von Napoleon eingesetzten, Königs von Neapel – mit Gewalt den Saal. Gegen zwei Uhr morgens stimmten die Abgeordneten des Ältestenrates und einige der Abgeordneten des Rates der Fünfhundert unter dem Druck der Militärs der Verfassungsänderung zu. Eine vorläufige Regierung, die aus den drei Konsuln Napoleon Bonaparte, Emmanuel Joseph Sieyès und Roger Ducos bestand, wurde ernannt.

Bonaparte ließ durch Sieyès eine neue Verfassung ausarbeiten. Am 12. Dezember 1799 wurde die Verfassung des Konsulats verabschiedet. Sie trat am 24. Dezember 1799 in Kraft und wurde 1800 durch eine Volksabstimmung bestätigt. Der 30-jährige Bonaparte wurde als Erster Konsul zum Alleinherrscher.

General Bonapartes Staatsstreich in St. Cloud am 9./10. November 1799

Der Code Civil

Schon im August 1800 beauftragte Napoleon Bonaparte eine Kommission, ein einheitliches Gesetzeswerk für Frankreich auszuarbeiten. Am 21. März 1804 wurde der Code Civil – das bürgerliche Gesetzbuch Frankreichs – veröffentlicht. Dieses Werk war bestimmend für die Rechtsentwicklung Europas bis ins 20. Jahrhundert hinein. Im Code Civil sind die wesentlichen Forderungen der französischen Revolution, nämlich Liberté (Freiheit), Egalité (Gleichheit) und Fraternité (Brüderlichkeit) vereint.

Der Code Civil garantierte u. a.:
- Gleichheit vor dem Gesetz
- Gewissensfreiheit
- Freiheit der Person
- Garantie des Privateigentums
- Trennung von Staat und Kirche
- Freiheit in der Ausübung der Religion
- Gewerbefreiheit und freie Berufswahl
- Abschaffung des Feudalrechts
- Dominierende Stellung des Mannes, Unterordnung der Frau
- Rechte der Arbeitgeber und Vermieter überwiegen

Rechte der Frau im Code Civil:

Die Auffassung Napoleons I. bezüglich der Stellung der Frau kommt im folgenden Satz deutlich zum Ausdruck: „Eins ist nicht französisch, eine Frau, die tun kann, was ihr gefällt."
Sobald sie heiratet, kommt die Frau unter die Vormundschaft des Mannes. Nach § 215 des Code Civil darf sie ohne Zustimmung des Gatten nicht vor Gericht auftreten, auch wenn sie einen öffentlichen Handel hat. Nach § 213 soll der Mann die Frau schützen, und sie hat ihm Gehorsam zu leisten. Er verwaltet das in die Ehe gebrachte Vermögen seiner Frau, er kann die Güter derselben verkaufen, veräußern und mit Hypotheken belasten, ohne dass er ihrer Mitwirkung oder Zustimmung bedarf. Die Folge ist, dass die Frau sich häufig in einem Zustand reiner Sklaverei befindet. Der Mann verschlemmt mit liederlichen Dirnen oder im Wirtshaus, was die Frau erwirbt, oder er macht Schulden oder verspielt den Erwerb der Frau und lässt sie und die Kinder darben, ja er hat sogar das Recht, vom Arbeitgeber die Auszahlung des Verdienstes seiner Frau zu beanspruchen. Wer könnte ihr verdenken, wenn sie bei solcher Sachlage auf die frivole Eheschließung verzichtete, wie das zum Beispiel in Frankreich so häufig der Fall war.
Die Bevorzugung des Mannes tritt besonders grell in der Ehescheidungsgesetzgebung zutage. Nach dem Code Civil war in Frankreich dem Ehemann der Antrag auf Ehescheidung gestattet, sobald die Ehefrau sich des Ehebruchs schuldig machte, dagegen konnte nach § 230 die Frau einen solchen Antrag nur stellen, wenn der Ehemann seine Konkubine in den gemeinsamen Haushalt aufnahm. Wird die Frau des Ehebruchs überführt, so wird sie mit Gefängnis von drei Monaten bis zu zwei Jahren bestraft.

Arbeitsaufgaben:

❶ Auch im Deutschen Reich war der Code Civil gültig, zum Teil noch bis 1900. Erst dann wurde er vom Bürgerlichen Gesetzbuch (BGB) abgelöst. Finde Gründe, warum er fast 100 Jahre gültig war.
❷ Bringe in Erfahrung, in wie viele Bücher das BGB aufgeteilt ist und in welche Rechtsgebiete die einzelnen Bücher unterteilt sind.
❸ Welche Regelungen gibt es in Bezug auf die Rechte der Frau heute, wenn es um Güter oder Ehescheidung geht? Suche entsprechenden Passagen via Internet im BGB.

GE	Name: ______________________	Datum: ____________	

Napoleons Aufstieg (1)

Kurzreferat

Finde mithilfe des Geschichtsbuchs, des Internets und Nachschlagewerken außen- und innenpolitische Leistungen des aufstrebenden Napoleon. Präsentiere deine Ergebnisse in Form eines Referats. Die Cluster dienen als Stichwortzettel.

❶ Außenpolitik

1793

1798/99

1795

1796/97

❷ Innenpolitik

wirtschaftlicher A______________; neue, einheitliche W________ (Franc)

Bespitzelung; politische M______________

verbessertes B______________-wesen; Leistungsprinzip

wertloses Wahlrecht; kaum Rechte für F______________

R______________-freiheit

„______________“ bürgerliches Gesetzbuch

keine politischen ______________-rechte; Presse-______________

GE | Lösung

Napoleons Aufstieg (1)
Kurzreferat

Finde mithilfe des Geschichtsbuchs, des Internets und Nachschlagewerken außen- und innenpolitische Leistungen des aufstrebenden Napoleon. Präsentiere deine Ergebnisse in Form eines Referats. Die Cluster dienen als Stichwortzettel.

❶ Außenpolitik

1793
Befreiung der Stadt Toulon von Royalisten

1798/99
Ägyptenfeldzug: Kampf gegen das Osmanische Reich

1795
Niederschlagen eines Aufstands der Royalisten in Paris

1796/97
Italienfeldzug: Kampf gegen Österreich

❷ Innenpolitik

wirtschaftlicher A*ufschwung*; neue, einheitliche W*ährung* (Franc)

verbessertes B*ildungs*-wesen; Leistungsprinzip

Bespitzelung; politische M*orde*

wertloses Wahlrecht; kaum Rechte für F*rauen*

R*eligions*-freiheit

„*Code Civil*“ bürgerliches Gesetzbuch

keine politischen *Freiheits*-rechte; Presse-*zensur*

GE	Name:	Datum:	

Napoleons Aufstieg (2)

❶ Der Mensch Napoleon
Versuche anhand der historischen Ereignisse ein Charakterbild von Napoleon im „Pro-Kontra-Stil" zu entwerfen. Die Aussprüche Napoleons helfen dir dabei.

❷ Welche militärischen Aktionen fanden unter Napoleons Führung 1793, 1795, 1796/97, 1798/99 und 1799/1800 statt? Informiere dich via Internet. Trage in die Karte unten ein.

❸ In welchen Feldzügen wurde Napoleon bis zum Jahr 1800 geschlagen?

❹ Im Jahr 1799 fand in Paris ein Staatsstreich statt. Wer war beteiligt? Ergebnis?

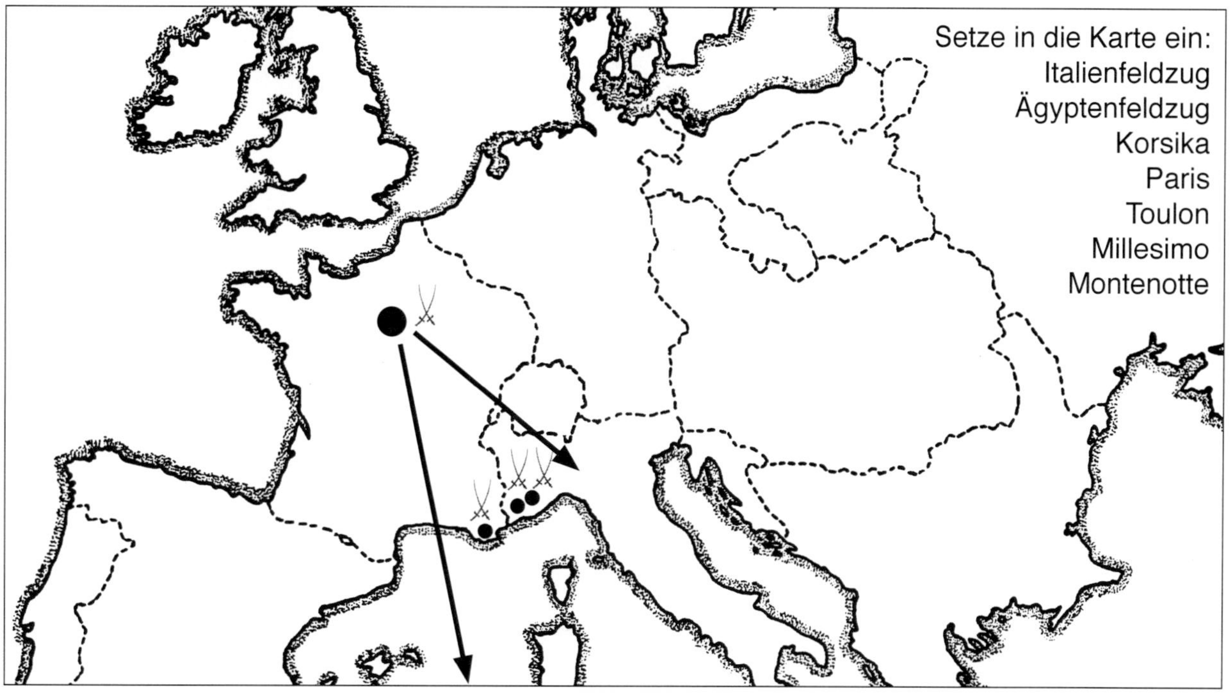

GE | Lösung

Napoleons Aufstieg (2)

❶ Der Mensch Napoleon
Versuche anhand der historischen Ereignisse ein Charakterbild von Napoleon im „Pro-Kontra-Stil" zu entwerfen. Die Aussprüche Napoleons helfen dir dabei.

positiv: willensstark, klug, hohe Intelligenz, tapfer, diszipliniert, entschlussfreudig, gerecht, risikobereit, realistisch, genialer Stratege, mitreißend; negativ: machtbesessen, überheblich, überschätzt sich selbst, skrupellos, maßlos

❷ Welche militärischen Aktionen fanden unter Napoleons Führung 1793, 1795, 1796/97, 1798/99 und 1799/1800 statt? Informiere dich via Internet. Trage in die Karte unten ein.

1793: Befreiung der Stadt Toulon von Royalisten; 1795: Kampf gegen Royalisten in Paris; 1796: Italienfeldzug (Kampf gegen Österreich in Italien); 1798/99: Ägyptenfeldzug (Kampf gegen das Osmanische Reich); 1799/1800: Militärputsch

❸ In welchen Feldzügen wurde Napoleon bis zum Jahr 1800 geschlagen?

Napoleon verlor die Schlacht bei Akkon im Mai 1799 gegen die Engländer und Osmanen, weil seine Soldaten am Ende ihrer Kräfte waren. Er wurde auch in der Seeschlacht bei Abukir im August 1798 von den Engländern unter Admiral Nelson besiegt.

❹ Im Jahr 1799 fand in Paris ein Staatsstreich statt. Wer war beteiligt? Ergebnis?

Napoleon kam am 9. November 1799 durch einen Staatsstreich an die Macht. Er stürzte das fünfköpfige Direktorium. Napoleon wurde erster Konsul von insgesamt drei Konsulen. Er war der mächtigste Mann im Staat und hatte das Recht, Minister und Richter zu ernennen und zu entlassen. Die offizielle Ernennung zum Konsul auf Lebenszeit erfolgte 1802.

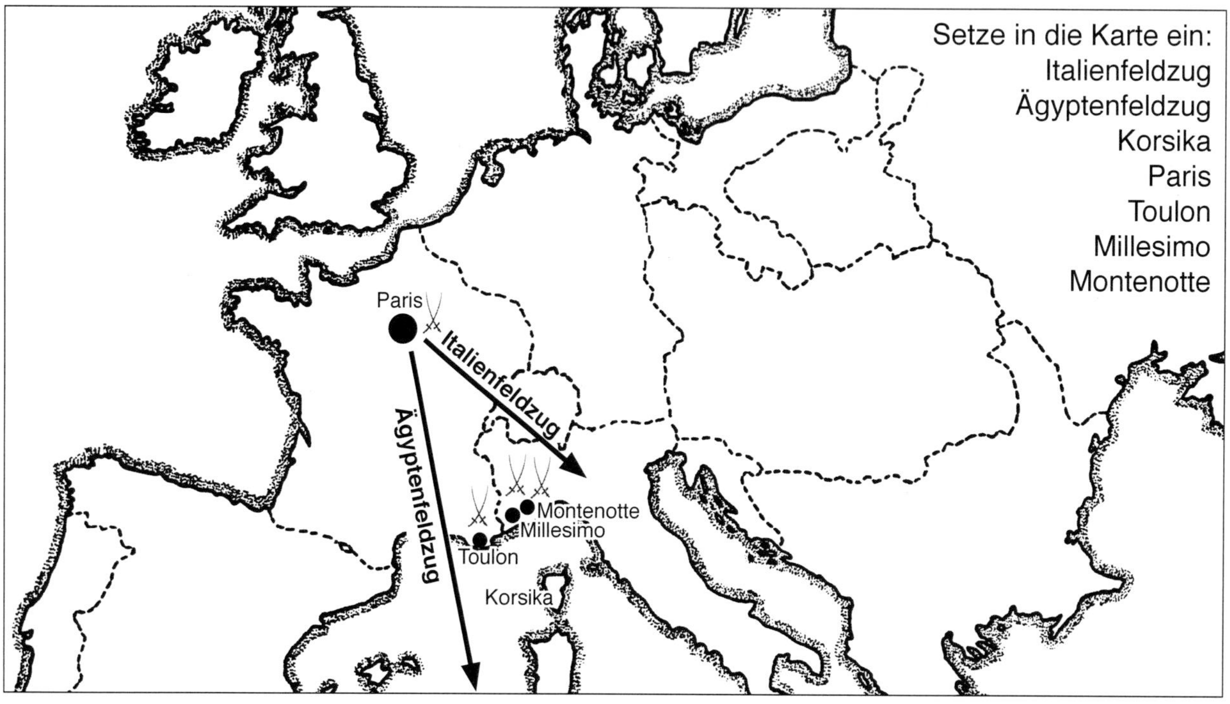

Hubert Albus: Von Napoleon Bonaparte bis zum Scheitern der Revolution 1848
Best.-Nr. 060

Napoleons Herrschaft über Europa

Lerninhalte:

- Kurze Wiederholung des Aufstiegs von Napoleon
- Wissen, dass mit der Kaiserkrönung Napoleon den Höhepunkt seiner Laufbahn erreicht hat
- Kenntnis der wichtigsten Schlachten Napoleons bis 1806
- Wissen um die Machtverhältnisse in Europa um 1812
- Fähigkeit, eine Karikatur zu beschreiben und zu interpretieren

Arbeitsmittel/Medien:

- Arbeitsblätter 1/2/3 mit Lösungen (Folien 4/5/6)
- Bild 1 für die Tafel: Napoleon auf dem Thron
- Bild 2 für die Tafel: Schlacht bei Austerlitz am 2. Dezember 1805
- Bild 3 für die Tafel: Monarchentreffen in Tilsit am 6. Juli 1807
- Bild 4 für die Tafel: Gefangennahme Papst Pius VII. durch den französischen General Radet
- Bild 5 für die Tafel: Ferdinand von Schill stirbt im Straßenkampf in Stralsund
- Infotexte 1/2: Napoleon Bonaparte – Herrschaft über Europa
- Infotext 3: Die Doppelschlacht von Jena und Auerstedt
- Infotexte 4/5: 6. Juli 1807 – das Monarchentreffen in Tilsit
- Folie 1: Napoleons Herrschaft über Europa
- Folie 2: Tiddy Doll (James Gillray)
- Folie 3: Aufstände gegen Napoleon in Spanien und Tirol
- DVD 4662257: Napoleon auf dem Höhepunkt seiner Macht (2009; 16 Minuten/farbig)

Folie 2

Karikatur von James Gillray: Tiddy Doll, der große französische Pfefferkuchenbäcker, zieht einen Schub frisch gebackener Könige aus dem Ofen (23. Januar 1808)

Napoleon zieht mit einem Schieber eine neue Ladung frisch gebackener Könige aus dem Ofen. Gerade fertig sind die Monarchen von Bayern, Württemberg und Baden. Im Hintergrund knetet Talleyrand, gekleidet mit Resten bischöflicher Kleidung als Zeichen seiner Abhängigkeit von der Kirche, den Teig weiterer Könige. Als Heizmaterial vor dem Ofen verwendet Napoleon Kanonenkugeln. Im Vordergrund steht ein Korb mit frisch gefertigten korsischen Familienmitgliedern. Napoleon besetzt Throne von ihm abhängiger Länder mit Mitgliedern seiner Familie.

Verlaufsskizze (2–3 UE)

I. Motivation

Stummer Impuls	Tafel Bild 1 (S. 27)	Napoleon auf dem Thron
Aussprache		
Überleitung		L: Napoleon ist auf dem Höhepunkt seiner Macht.
Zielangabe	Tafel	**Napoleons Herrschaft über Europa**

II. Begegnung/Erarbeitung

	Infotexte 1/2	Napoleon Bonaparte – Herrschaft über Europa
Arbeitsaufträge	(S. 28/29)	L: Beantworte mithilfe der Infotexte die fünf Arbeitsaufträge.
		Napoleons Herrschaft über Europa
Gruppenarbeit	Folie 1 (S. 30)	
Kurzreferate		
Aussprache		
Impuls		L: Um die Herrschaft über Europas Festland zu gewinnen, musste Napoleon Österreich, Preußen und Russland besiegen.
Aussprache		
Stummer Impuls	Tafel Bild 2 (S. 31)	Schlacht bei Austerlitz am 2. Dezember 1805
Aussprache		
Zusammenfassung	Tafel	1805: Dreikaiserschlacht bei Austerlitz gegen Österreich und Russland
		1806: Doppelschlacht bei Jena und Auerstedt gegen Preußen
Erlesen	Infotext 3	Die Doppelschlacht von Jena und Auerstedt
Aussprache	(S. 32/33)	
		L: Ursachen für Preußens Niederlage?
Aussprache		
Stummer Impuls	Tafel Bild 3 (S. 34)	Monarchentreffen in Tilsit
	Infotexte 4/5 (S. 33/35)	6. Juli 1807 – das Monarchentreffen in Tilsit
Aussprache		

III. Wertung

Stummer Impuls	Folie 2 (S. 25)	Tiddy Doll (James Gillray).
Aussprache		
Zusammenfassung	Folie 2 (S. 25)	Aussage der Karikatur
Erlesen der Aussage		
Impuls		L: In vielen Ländern regte sich Widerstand gegen Napoleons Expansionspolitik.
Aussprache		
Zusammenfassung	Folie 3 (S. 36)	Aufstände gegen Napoleon in Spanien und Tirol
Aussprache	Tafel Bild 4 (S. 37)	Papst Pius VII.
	Tafel Bild 5 (S. 38)	Ferdinand von Schill
Aussprache		

IV. Sicherung/Ausweitung

Zusammenfassung	Arbeitsblatt 1 (S.39)	Napoleons Herrschaft über Europa
Aussprache		
Lösung/Kontrolle	Folie 4 (S.40)	
Zusammenfassung	Arbeitsblatt 2 (S. 41)	Reformen in Preußen
Lösung/Kontrolle	Folie 5 (S. 42)	
Zusammenfassung	Arbeitsblatt 3 (S. 43)	Reformen in Bayern
Lösung/Kontrolle	Folie 6 (S. 44)	
Zusammenfassung	DVD (2009)	Napoleon auf dem Höhepunkt seiner Macht (16 Minuten; farbig)
Aussprache		

Napoleon auf dem Thron
Gemälde von Jean-Auguste Dominique Ingres (1806)

Napoleon Bonaparte
Herrschaft über Europa

1804

Am 2. Dezember krönt sich Napoleon in Notre-Dame in Paris selbst zum Kaiser. Gleichzeitig nimmt der deutsche Kaiser Franz II. den Titel eines Kaisers von Österreich an.

1805

Aufgrund der drohenden Isolierung Frankreichs durch England, Österreich und Russland beginnt der 3. Koalitionskrieg. Am 21. Oktober kommt es zur Seeschlacht von Trafalgar vor der spanischen Küste zwischen der französisch-spanischen Flotte und der englischen Royal Navy unter dem Oberbefehl von Admiral Nelson, der bei dieser Auseinandersetzung sein Leben verliert. Aufgrund ihrer beweglichen Schiffe siegen die Engländer und festigen ihre Weltherrschaft auf dem Meer.

Napoleon schlägt im Dezember die verbündeten Österreicher (Kaiser Franz II.) und Russen (Zar Alexander I.) in der sogenannten Dreikaiserschlacht bei Austerlitz in Mähren (heute: Tschechische Republik) vernichtend. Insgesamt werden im 3. Koalitionskrieg zwölf Schlachten geschlagen. Mit Ausnahme der Seeschlacht von Trafalgar gewinnt Napoleon alle anderen.

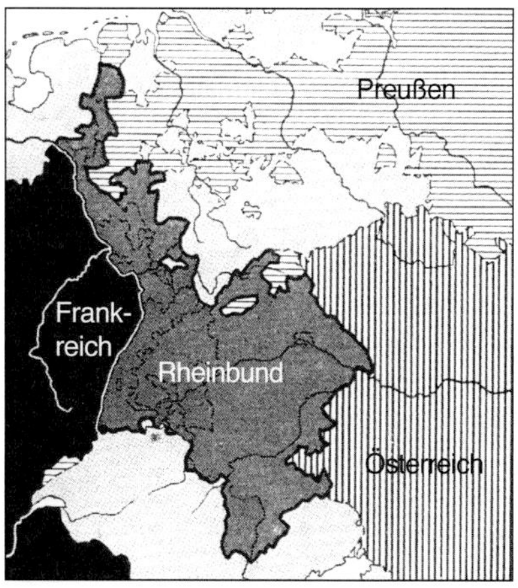

Im Frieden von Preßburg am 26. Dezember verliert Österreich Tirol, Vorarlberg, Trentin, Istrien und Dalmatien.

1806

Im Juli treten Bayern, Württemberg, Baden, Hessen und zwölf weitere Fürstentümer aus dem Reichsverband aus. Diese Länder schließen sich zum Rheinbund unter dem Schutz Napoleons zusammen.

Das bislang neutrale Preußen tritt im 4. Koalitionskrieg, der sich über zwei Jahre hinzieht, zusammen mit Sachsen gegen Napoleon an, nachdem dieser Hannover den Preußen wegnimmt und auch das Preußen gehörende Essen besetzt.

In 17 Schlachten, unter anderem in der sogenannten Doppelschlacht bei Jena und Auerstedt, werden auch aufgrund eines überalterten Offizierskorps die beiden Verbündeten vernichtend geschlagen. Napoleon strebt nach einem abendländischen Kaisertum im Sinne Karls des Großen. Er zwingt den deutschen Kaiser Franz II., die Krone des Reiches sofort niederzulegen, was am 6. August geschieht und das Ende des „Heiligen Römischen Reiches Deutscher Nation“ bedeutet.

1807

Preußen bricht zusammen. Im Juni schließt der französische Kaiser mit Zar Alexander in Tilsit auf einem Floß mit Napoleon einen Friedensvertrag. Dort erfolgt eine Absprache der beiden Großmächte über die Aufteilung der Interessen in Europa. König Friedrich Wilhelm III. von Preußen muss alle Bedingungen annehmen. Preußen entgeht nur knapp der Auflösung und muss riesige Summen an Kriegsentschädigung zahlen. Es verliert alles Land westlich der Elbe mit Hessen und Hannover.

Im November verhängt Napoleon in Berlin die Kontinentalsperre gegen England und seinen Welthandel, um es wirtschaftlich in die Knie zu zwingen.
Preußen und Russland müssen dieser gewaltigen Landblockade, die das Festland Europas vor England absperrt, zustimmen und zugleich die Besetzung ihrer Territorien durch französische Truppen hinnehmen.
Die Kontinentalsperre, die bis 1813 aufrecht erhalten wird, ist zum Scheitern verurteilt, weil sie nicht lückenlos durchgeführt werden kann.
Die englische Wirtschaft wird zwar etwas beeinträchtigt, die Wirtschaft der Festlandstaaten leidet aber schwer darunter. Warenknappheit und daraus resultierende Hungersnöte entstehen.

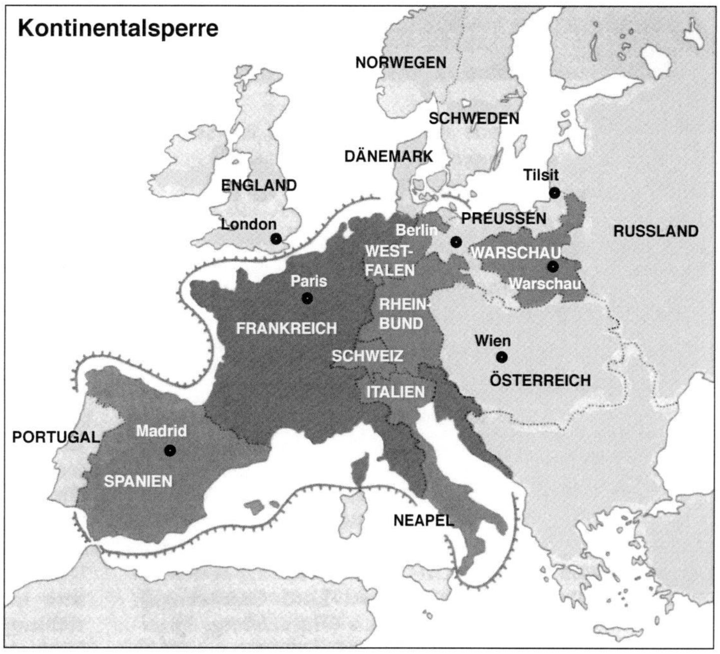

Der englische Handel profitiert davon, da er sich neue Märkte in Übersee erschließt.

1808

Napoleons Krieg in Spanien beginnt mit der Gefangennahme von Karl IV. und dessen Sohn Ferdinand. Napoleon setzt seinen Bruder Joseph auf den spanischen Thron, worauf es zu einem blutigen Guerillakrieg kommt, in welchem Spanien, von Portugal und England unterstützt, die Franzosen besiegen kann. Der erbitterte Kleinkrieg dauert bis 1814. Napoleon beendet die Inquisition in Spanien.

1809

Ermutigt durch den anhaltenden Widerstand in Spanien ruft Erzherzog Karl von Österreich zum Kampf gegen Napoleon auf und erklärt Frankreich den Krieg. Zwar können die Österreicher die Schlacht bei Aspern gewinnen – es ist der erste Sieg Österreichs über Napoleon –, aber sechs Wochen später werden sie bei Wagram entscheidend geschlagen. Napoleon besetzt Wien. Im Frieden von Schönbrunn am 14. Oktober muss Kaiser Franz I. rund ein Fünftel seines Territoriums an Frankreich abtreten.
Aufstände gegen die Franzosenherrschaft finden auch in Preußen, Hessen und Tirol statt. Andreas Hofer macht sich für die Wiederangliederung Tirols an Österreich stark. Nach drei Siegen am Bergisel wird der Tiroler Volksaufstand in einer vierten Schlacht von den Franzosen niedergeschlagen. Das Versteck Hofers wird verraten. Der Rebell wird 1810 auf Befehl Napoleons in Mantua erschossen.
Ferdinand von Schill ist ein preußischer Offizier, der als Freikorpsführer sich mit einer kleinen Truppe gegen die französische Besatzungsmacht auflehnt. Nach anfänglichen Erfolgen wird er im Straßenkampf in Stralsund getötet. Seine elf überlebenden Offiziere werden in Wesel hingerichtet.
Papst Pius XII., seit 1800 im höchsten Amt der katholischen Kirche, weigert sich, den Forderungen Napoleons nachzukommen, dass mindestens ein Drittel aller Kardinäle Franzosen sein müssten. Deshalb lässt Napoleon den Papst in der Nacht vom 5. auf den 6. Juli verhaften und in das Gefängnis nach Davona bringen, wo das Kirchenoberhaupt drei Jahre verbringt, ehe er nach Fontainebleau verlegt wird. Erst 1815 wird der Papst aus dem Gefägnis befreit und kann, ohne dass er irgendwelche Zugeständnisse gemacht hat, nach Rom zurückkehren.
Es beginnt die nationale Bewegung in Deutschland. In Preußen erfolgen grundlegende Reformen durch Stein und Scharnhorst.
Auf dem Erfurter Fürstentag trifft Napoleon erneut auf den russischen Zaren Alexander I. Bei diesem Anlass erhält Johann Wolfgang von Goethe eine Audienz bei Napoleon.

1809–1811

Am 15. Dezember 1809 lässt sich Napoleon von Joséphine scheiden. Am 1. April 1810 heiratet der Kaiser zur Absicherung seiner Dynastie die österreichische Kaisertochter Marie-Luise, die am 20. März 1811 den lang ersehnten Sohn zu Welt bringt.

Napoleons Herrschaft über Europa

Arbeitsaufgaben:

❶ Markiere bei jeder Jahreszahl das historische Ereignis. Schreibe diese acht Ereignisse mit der betreffenden Jahreszahl auf Stichwortkärtchen.

Beispiel:

1801 **Gewinnung der linksrheinischen Gebiete**	**1803** **Säkularisation in Deutschland**

❷ Schlage im Atlas nach. Wo liegen Austerlitz, Jena, Auerstedt? Wo verläuft die Kontinentalsperre? Trage Städte und Kontinentalsperre auf der Karte des Arbeitsblattes ein.

❸ Finde mithilfe des Textes die Gebietsgewinne Frankreichs heraus. Schreibe sie auf die Rückseite des Arbeitsblattes.

❹ Das Bild unten zeigt die Krönungszeremonie von Kaiser Napoleon I. und Kaiserin Joséphine in der Pariser Kathedrale Notre Dame am 2. Dezember 1804. Napoleon verlangt vom Papst für sich und seine Frau Salbung und Segnung. Die Krone setzt sich Napoleon aber selbst auf. Beurteile dieses Verhalten.

❺ Bereite mit deiner Gruppe eine Präsentation vor. Dabei sollst du die Stichwortkärtchen benutzen. Denke daran, dass zur Veranschaulichung der Ereignisse eine Karte (Wandkarte oder Karte auf OHP-Folie) notwendig ist.

Die Krönung in Notre Dame am 4. Dezember 1804
Gemälde von Jacques-Louis David (1805/1807)

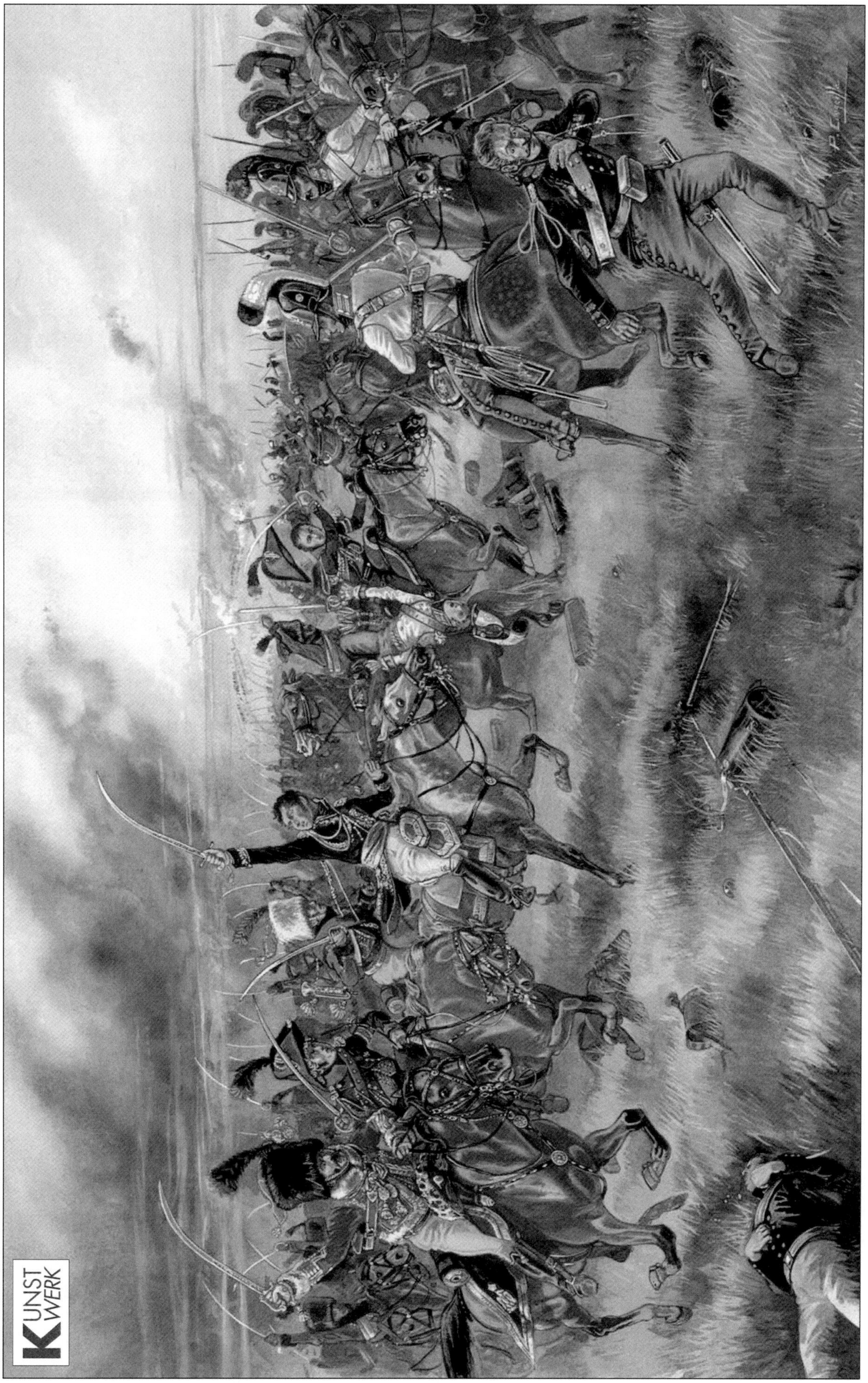

Schlacht bei Austerlitz am 2. Dezember 1805

Die Doppelschlacht von Jena und Auerstedt 1806

Am 14. Oktober 1806 wurden die Armeen Preußens und Sachsens in der Doppelschlacht von Jena und Auerstedt vernichtend geschlagen. Die preußische Hauptmacht wurde von Herzog Karl von Braunschweig schlecht geführt und unterlag bei Auerstedt Marschall Davout (1808 von Napoleon zum Herzog von Auerstedt erhoben), während das vom Fürsten Friedrich Ludwig zu Hohenlohe-Ingelfingen geführte sächsische Korps von Napoleon bei Jena vernichtet wurde. War schon die Tatsache der Niederlage schlimm genug – König Friedrich Wilhelm III. und Königin Luise wurden um ein Haar gefangen genommen, konnten jedoch querfeldein flüchten – entscheidender für das preußische Selbstwertgefühl war jedoch, wie die Niederlage zustande gekommen war.

Die preußische Militärverwaltung bestand aus fünf Behörden, die vollkommen unabhängig voneinander operierten, alle eifersüchtig auf ihre Kompetenzen bedacht. Der nach vielem Hin und Her endlich gegründete Generalstab war besetzt mit alten Herren, die sich nicht einigen konnten. Die meisten preußischen Generäle waren nach heutigen Maßstäben Rentner. Bei der Artillerie diente ein 70-jähriger Leutnant, auf französischer Seite ein unbesiegbarer 36-jähriger Kaiser, umgeben von seinen jungen Generälen.

Die Mobilisierung kam nur zäh und unvollständig in Gang. Keine Lazarette, keine Logistik, viel zu wenig Zugpferde für die Artillerie. Die Truppen in erbärmlichen, desorganisiertem Zustand – die Konsequenz jahrelangen Zögerns und Zauderns.

Frankreich hatte seine Truppenverbände längst nach modernen Gesichtspunkten in Divisionen organisiert, welche über sämtliche für eine selbstständige Operation notwendigen Waffen und die Logistik verfügten. Als dem Korps Hohenlohe-Ingelfingen in der Schlacht von Jena die Munition ausging, wurde Reservemunition aus Breslau herbeigerufen.

Preußen verfügte über doppelt so viele Truppen, setzte sie jedoch nicht ein. Starke Reserven kamen nicht zum Einsatz. Das Kartenmaterial war restlos veraltet, viele Verbände hatten die Orientierung verloren. So gingen die Schlachten von Jena (die Franzosen unter Napoleon) und Auerstedt (Frankreich unter Marschall Davout), verloren. Feldmarschall Boyen meinte, das Treffen bei Auerstedt zu verlieren, sei eine wahre Kunst. Die wahre Katastrophe geschah jedoch erst, als aus der Niederlage eine heillose ungeordnete Flucht wurde. Die Fliehenden aus Jena und Auerstedt verkeilten sich ineinander, Waffen und Fahnen wurden weggeworfen. Meuterer, Plünderer und Deserteure allerorten. Umherirrende, von den französischen Chasseurs verfolgt.

So ist Preußen in Jena und Auerstedt untergegangen, nicht eigentlich, weil seine Truppen schlecht ausgerüstet und schlecht verpflegt waren, vielmehr jedoch war die Unfähigkeit seiner Befehlshaber die eigentliche Ursache der Katastrophe.

Napoleon schreibt am 15. Oktober 1806 an seine Frau Joséphine:

„Es ist alles so eingetroffen, wie ich es vorausgesehen habe – niemals ist eine Armee so vollkommen geschlagen, nie so vollständig zugrunde gerichtet worden.“

Bei Auerstedt stieß das 24000 Mann starke Korps des Marschalls Davout auf die mehr als doppelt so starke Armee des Herzogs von Braunschweig. Bei dieser zahlenmäßigen Überlegenheit wäre es eigentlich für die Preußen leicht gewesen, den schwachen Gegner vernichtend zu schlagen. Mit Recht bekennt Feldmarschall Boyen in seinen Erinnerungen: „Bei Auerstedt war es von preußischer Seite eine Kunst, die Schlacht zu verlieren.“

Gneisenau schrieb: „Tausendmal lieber sterben, als das noch einmal erleben. Das waren Greuel.“

Luise sagte nach der Schlacht bei Jena zu ihren Kindern: „Das Schicksal zerstörte an einem Tag das Gebäude, an dessen Erhöhung große Männer zwei Jahrhunderte hindurch gearbeitet haben. Es gibt keinen preußischen Staat, keine preußische Armee, keinen Nationalruhm mehr.“

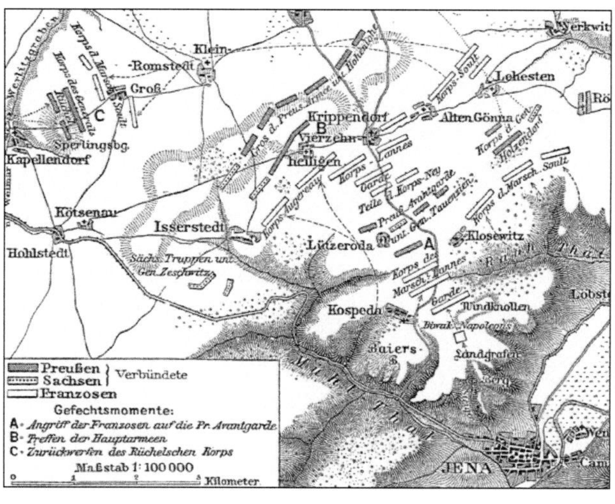

6. Juli 1807 – das Monarchentreffen in Tilsit

Am 5. Juli 1807 kam Kaiser Alexander zu Luise und Friedrich Wilhelm und überbrachte einige Schriftstücke mit Forderungen Napoleons. Napoleons Oberstallmeister Caulaincourt stieß hinzu und überbrachte die Einladung. Kaiser Napoleon könne das neutralisierte Tilsit nicht verlassen, werde aber die Königin, wenn sie nach Tilsit komme, besuchen und einladen. In einem Gespräch mit dem schwedischen Gesandten Karl Gustav von Brinckmann äußerte Königin Luise: „Ich bin erst dreißig Jahre, aber ich habe mich schon selbst überlebt."

Am Nachmittag des 6. Juli 1807 fuhr Königin Luise mitten durch russische und französische Truppen zur Memel, setzte mit einer Fähre über und traf sich in Tilsit mit Friedrich Wilhelm, Alexander und August Friedrich Graf von der Goltz, dem neuen Minister des Auswärtigen. Bald darauf wurde der französische Kaiser gemeldet. Napoleon im schlichten dunkelgrünen Uniformrock, umgeben von seinem glänzenden Gefolge.

Luise, deren Gestalt langsam etwas fülliger geworden war, soll an diesem Abend berückender denn je gewesen sein. Der Kummer hatte sie schlank werden lassen. Die Augen strahlten, ihr Kleid umfloss anmutig ihre Glieder. Das stolz erhobene Haupt war mit einem Perlendiadem bekrönt. Napoleon machte auf sie (wie sie der Gräfin Voß sagte) einen überraschend positiven Eindruck. Friedrich Wilhelm hatte sie vorgewarnt, er habe etwas Gemeines in seinem Aussehen. Die Königin konnte das nicht finden. – Leider hat Luise keine persönlichen Aufzeichnungen über das insgesamt nur 45 Minuten dauernde Gespräch gemacht. Jedoch haben zahlreiche Mitglieder ihrer Umgebung (darunter besonders der schwedische Gesandte von Brinckmann) das notiert, was sie ihnen nach dem Treffen berichtete. Der auf den zeitgenössischen Abbildungen immer wieder im Hintergrund dargestellte französische Außenminister Talleyrand hat an dem Gespräch nicht teilgenommen.

Luise, die selbstverständlich fließend französisch sprach, bedauerte, dass der Kaiser genötigt gewesen sei, eine derart hohe Treppe zu ihr hinaufzusteigen, (er war beim Hinaufsteigen leicht gestolpert). Napoleon erwiderte gewandt: „Auf dem Wege zu einem solchen Ziele darf man vor keinem Hindernisse zurückschrecken." Mit einem Anflug von Ironie beklagte sie den für ihn und seine Truppen beschwerlichen Aufenthalt im nordisch-kalten Preußen. Napoleon antwortete etwas verlegen mit einem Kompliment.

Luise packte Napoleon bei dessen Frauenfeindschaft. Der Kaiser, so sagte sie, habe sie angeklagt, sich zu viel in Politik zu mischen, ein Vorwurf, den sie nicht verdient zu haben meinte. Napoleon unterbrach sie mit der Beteuerung, dass er selbst diese Ausstreuungen nicht geglaubt habe. (Eine glatte Lüge, sehen Sie hier).

Dann kam Luise zur Sache. Sie sagte, dass sie sich über die Lage Preußens im Klaren sei. Sie sei sich bewusst, dass man Opfer werde bringen müssen. Jedoch möge man Preußen nicht von Provinzen trennen, die seit Jahrhunderten dazu gehörten. Insbesondere machte sie sich wiederholt für Magdeburg stark, das unter allen Umständen bei Preußen bleiben müsse.

Napoleon versuchte auszuweichen und machte Komplimente. „Sie tragen da ein schönes Kleid," bemerkte er. „Wo ist es gearbeitet? In Breslau? Macht man Krepp in Ihren Fabriken?"

„Sollen wir jetzt über Putz reden in diesem Augenblicke?", erwiderte die Königin.

Verdutzt musste der Kaiser feststellen, dass seine Scherze nicht fruchteten. Luise war schlagfertig und charmant. Später hat Napoleon gestanden, dass er Luise die Gesprächsführung habe lassen müssen (es finden sich in Napoleons Geschichte keine weiteren Beispiele dafür). Nochmals versuchte sie, seine edleren Gefühle anzusprechen. Sie sagte, seine Siege würden ihm doppelt Ehre machen, wenn er sich auch Rechte auf Dankbarkeit erwerbe. Mit Worten wie Großmut und Hochherzigkeit versuchte sie Mitleid und Menschlichkeit zu bewirken. Sie setzte sich entschieden auch für die Zukunft ihres Gatten und ihrer Kinder ein, wie man es von einer Ehefrau und Mutter nur erwarten konnte.

Napoleon war in die Enge getrieben, aber er konterte mit Höflichkeit. Immerhin konnte sie ihm ein „wir wollen sehen" abringen. – In diesem Augenblick betrat Friedrich Wilhelm III. den Raum. Wäre er nur ein wenig länger im Vorzimmer geblieben! Man weiß nicht, was Luise vielleicht noch erreicht hätte. Napoleon sagte am selben Tag zu Kaiser Alexander: „Er erschien zur rechten Zeit. Eine Viertelstunde später, und ich würde der Königin alles versprochen haben." – Noch einige Komplimente, dann verabschiedete sich Napoleon. Luise blieb hoffnungsfroh zurück.

Am Abend fuhr Luise zum Diner zu Napoleon. Er empfing sie auf der Straße und führte sie zum Essen hinauf, an dem außer Napoleon und dem

Monarchentreffen in Tilsit am 6. Juli 1807
Napoleon, König Friedrich Wilhelm III. von Preußen, Königin Luise, Zar Alexander I. von Russland
Gemälde von Nicolas Gosse (1837)

Königspaare Kaiser Alexander I., dessen Bruder Großfürst Konstantin Pawlowitsch, Prinz Heinrich von Preußen, Kronprinz Ludwig von Bayern, Gräfin Voß und Joachim Murat, Napoleons Schwager teilnahmen. Die Stimmung war gut, die Unterhaltung lebhaft. Napoleon fragte, wie nur Preußen mit seiner geringen Macht einen Krieg gegen ihn habe anfangen können. Luise gab darauf die berühmte Antwort: „Sire, der Ruhm Friedrichs des Großen hat uns über unsere Mittel getäuscht.“ Diese Episode geht auf französische Quellen zurück. Talleyrand berichtete später, dies habe großen Eindruck auf Napoleon gemacht. Napoleon verehrte Friedrich II.

Nach Tisch bearbeitete die Königin Napoleon erneut und legte sich besonders für Magdeburg ins Zeug. Eine Rose, die ihr der Kaiser anbot, wollte sie nur mit dem Versprechen der Rückgabe Magdeburgs annehmen. Später, als die Königin die Tafel bereits verlassen hatte, sagte Napoleon zu Kaiser Alexander: „Die Königin von Preußen ist eine reizende Frau, ihre Seele entspricht ihrer Gestalt; auf Ehre, anstatt ihr eine Krone zu nehmen, möchte man versucht sein, ihr eine zu Füßen zu legen.“ Nach dem Treffen stieg die Hoffnungsfreude in hohem Maße. Alexander und auch einige Franzosen begückwünschten Luise zu dem Erfolg, den sie errungen habe. – Die Hoffnungsträume währten nur eine kurze Sommernacht.

Am Morgen des 7. Juli 1807 ließ Napoleon den Grafen von der Goltz zu sich rufen, um ihm die Friedensbedingungen zu diktieren. Er sei mit Russland zu einem Einverständnis gekommen. Der König von Preußen habe es nur Kaiser Alexander zu verdanken, dass man ihn und seine Dynastie nicht davon gejagt habe, und seinen Bruder Jerome zum König von Preußen gemacht habe. Bessere Bedingungen seien ein für alle Mal unmöglich. Die Zeit der Verhandlungen sei vorüber. Es folgten Schmähungen gegen Friedrich Wilhelm III. und kritische Bemerkungen über Luise. Schließlich: „Wenn die Rache mir die Vernichtung Preußens als Großmacht diktiert, so werden meine politischen Kombinationen die Interessen Frankreichs sicherzustellen wissen.“

Es zeigte sich also nicht die geringste Spur einer Milderung, ganz im Gegenteil. Talleyrand machte in der Zusammenkunft deutlich, dass der Friedensvertrag ohne jede Aussicht auf Milderung binnen zwei Tagen unterschrieben werden müsse. Er ließ dabei Goltz noch nicht einmal Zeit, den Vertragsentwurf, den er bei sich führte und ihm zeigte, zu lesen. In einer emotionsgeladenen Auseinandersetzung gerieten Napoleon und Friedrich Wilhelm aneinander. Alexander, der beide laut schreien hörte, eilte herbei und fand den König „ganz rot vor Zorn“, den Kaiser „grün vor Wut“. Napoleon zu Alexander: „Alle Preußen, wie sie sind, brennen vor Begier, sich an mir persönlich zu rächen, und Sie wollen, dass ich ihnen die Mittel dazu gebe? Nein, da ich doch auf keine aufrichtige Aussöhnung hoffen kann, so muss ich es Preußen unmöglich machen, je etwas gegen die Interessen Frankreichs zu unternehmen.“

Einer anderen Quelle nach soll Napoleon gesagt haben: „Es liegt in meinem System, Preußen zu demütigen; ich will, dass es nicht mehr eine politische Macht in der politischen Waage Europas ist.“

Am Abend des 7. Juli holte Berthier Luise zum Diner mit Napoleon ab. Die Stimmung war auf dem Nullpunkt. Gleichwohl richtete die Königin, die über die letzten Vorkommnisse im Bilde war, einige bittende Worte an Napoleon. „Wie können Sie mir noch zu guter Letzt etwas abpressen wollen!“, war seine Erwiderung. Napoleon und Luise schieden voneinander und sahen sich nicht wieder. Die Schmähungen der französischen Zeitungen waren von Stund an beendet.

In einem letzten vergeblichen Treffen mit Napoleon wurde Friedrich Wilhelm von diesem abgekanzelt: „Majestät vergessen, dass ich nur mit Kaiser Alexander verhandle.“ Danach veranstaltete Napoleon noch eine theatralische Abschiedsszene mit dem russischen Kaiser und reiste nach Frankreich. Alexander verabschiedete sich nach Petersburg. Friedrich Wilhelm wartete noch, bis am 9. Juli 1807 abends in Tilsit der preußisch-französische Friedensvertrag unterzeichnet war. Am nächsten Tag reiste das Königspaar nach Memel zurück.

Aufstände gegen Napoleon in Spanien und Tirol

Die Erschießung der Aufständischen
Gemälde von Francisco de Goya (1814)

Der Tiroler Volksaufstand unter Andreas Hofer 1809

Die Gefangennahme Papst Pius VII. durch den französischen General Radet

Bild 5 für die Tafel

Ferdinand von Schill stirbt im Straßenkampf in Stralsund

GE	Name:	Datum:

Napoleons Herrschaft über Europa

❶ Beschreibe kurz das Gemälde rechts.

❷ Siege in zwei bedeutenden Schlachten ebneten Napoleon den Weg zur Herrschaft in Europa.

- 1805: Dreikaiserschlacht bei
- 1806: Doppelschlacht bei

❸ Welche Folgen hatten die Niederlagen für Preußen, Österreich und Russland?

❹ Das Jahr 1806 bedeutete das Ende des „Heiligen Römischen Reichs Deutscher Nation“. Erkläre.

❺ Welche Maßnahmen traf Napoleon, um England militärisch und wirtschaftlich zu unterwerfen? Ergebnis?

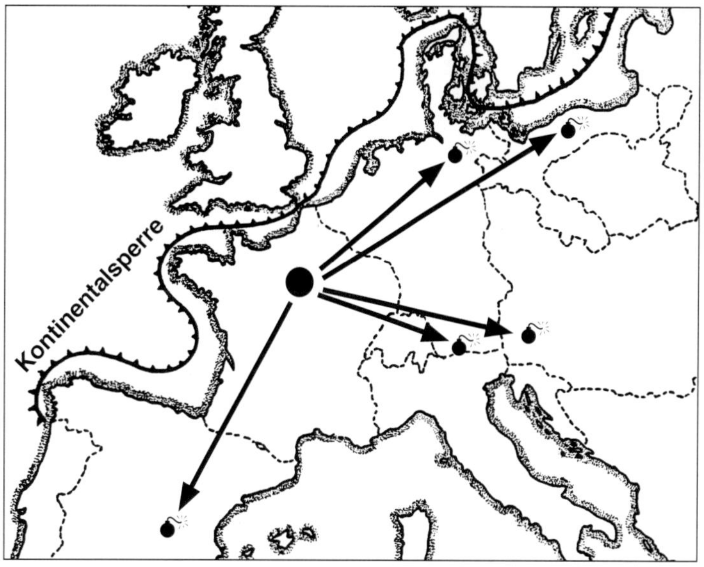

❻ In welchen Ländern regte sich Widerstand gegen Napoleon?

GE | Lösung

Napoleons Herrschaft über Europa

❶ Beschreibe kurz das Gemälde rechts.

Das Bild zeigt die Kaiserkrönung am 4. Dezember 1804 in Notre Dame in Paris. Napoleon setzt sich die Krone selbst auf und krönt anschließend seine Frau Joséphine. Napoleons Selbstherrlichkeit ist nicht mehr zu überbieten.

❷ Siege in zwei bedeutenden Schlachten ebneten Napoleon den Weg zur Herrschaft in Europa.

• 1805: Dreikaiserschlacht bei *Austerlitz*

Frankreich und die süddeutschen Mittelstaaten kämpften gegen England, Russland, Österreich und Schweden.

• 1806: Doppelschlacht bei *Jena und Auerstedt*

Preußen und Sachsen erlitten gegen Napoleons Truppen eine vernichtende Niederlage, auch weil Ausrüstung und Kriegsführung der preußischen Truppen total veraltet waren.

❸ Welche Folgen hatten die Niederlagen für Preußen, Österreich und Russland?

Preußen: Zusammenbruch mit massiven Gebietsverlusten → Neuaufbau und umfassende Reformen

Österreich: Gebietsverluste → Napoleons Heirat mit Marie-Luise 1810 → Widerstand gebrochen

Russland: Friedensvertrag zu Tilsit 1807

❹ Das Jahr 1806 bedeutete das Ende des „Heiligen Römischen Reichs Deutscher Nation". Erkläre.

Die 1806 dem Rheinbund zugehörigen Staaten sagten sich vom deutschen Reich los. Der seit 1792 regierende Kaiser Franz II. legte 1806 unter französischem Druck die Krone nieder.

❺ Welche Maßnahmen traf Napoleon, um England militärisch und wirtschaftlich zu unterwerfen? Ergebnis?

Die von Napoleon 1806 verhängte Kontinentalsperre verbot den Handel mit England, was auf der Insel eine Wirtschaftskrise auslöste. Einige Staaten, vor allem aber Russland, hielten sich nicht an das Abkommen.

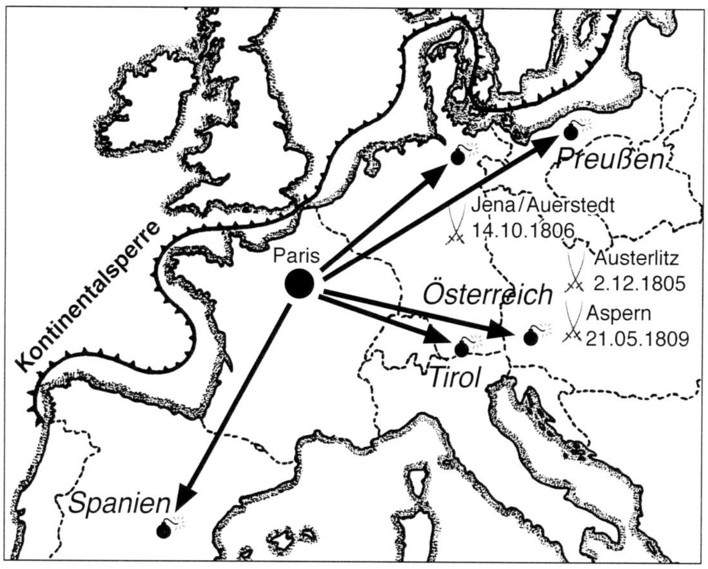

❻ In welchen Ländern regte sich Widerstand gegen Napoleon?

Spanien, Österreich, Tirol (Andreas Hofer), Preußen und Westfalen (Soldatengruppen), Vatikan (Pius VII.)

GE	Name:	Datum:	

Napoleons Herrschaft über Europa
Reformen in Preußen

Die europäische Geschichtswissenschaft setzt den Epochenschnitt zwischen „Neuere und Neueste Geschichte" auf das Jahr 1789 (Französische Revolution), für Preußen aber ist diese Epochenzäsur im Jahr 1806 (Schlacht von Jena und Auerstedt) zu sehen.

❶ Nach dem Tilsiter Frieden 1807 war Preußen total zusammengebrochen. Begründe.

❷ Verwaltungsreformen (Heinrich Friedrich Carl Reichsfreiherr vom und zum Stein und Fürst Karl August von Hardenberg)

❸ Eingeleitet wurden die Reformen durch das Oktoberedikt von 1807. Was besagte es?

❹ Bildungsreform (Wilhelm von Humboldt)

❺ Heeresreform (Generalleutnant Gerhard von Scharnhorst)

Die Reformen trugen dazu bei, dass Preußen 1813 wieder in der Lage war, gegen Napoleon zu kämpfen und nach 1815 wieder eine Großmacht in Europa wurde.

GE Lösung

Napoleons Herrschaft über Europa
Reformen in Preußen

Die europäische Geschichtswissenschaft setzt den Epochenschnitt zwischen „Neuere und Neueste Geschichte" auf das Jahr 1789 (Französische Revolution), für Preußen aber ist diese Epochenzäsur im Jahr 1806 (Schlacht von Jena und Auerstedt) zu sehen.

❶ Nach dem Tilsiter Frieden 1807 war Preußen total zusammengebrochen. Begründe.

Preußen musste die Hälfte seines Staatsgebiets abtreten und als Entschädigung die ungeheure Summe von 120 Mio. Franc zahlen. Das Heer wurde auf 42 000 Mann begrenzt.

❷ Verwaltungsreformen (Heinrich Friedrich Carl Reichsfreiherr vom und zum Stein und Fürst Karl August von Hardenberg)

Das Finanzedikt vom 27. Oktober 1810 war der Beginn der Hardenbergschen Reformen, 1811 folgte das Regulierungsedikt, das Gewerbesteuergesetz, das die Gewerbefreiheit festschrieb, die Bauernbefreiung und 1812 die Emanzipation der Juden. Hardenberg trat für einen liberalen Verfassungsstaat ein, wie er ihn schon in seiner Rigaer Denkschrift gefordert hatte, lehnte im Gegensatz zu Stein aber die Schaffung eines deutschen Nationalstaats ab.

❸ Eingeleitet wurden die Reformen durch das Oktoberedikt von 1807. Was besagte es?

Es ermöglichte den Erwerb von Grund und Boden und erlaubte allen Ständen freie Berufswahl. Die Erbuntertänigkeit der Bauern wurde aufgehoben, sie waren rechtlich und wirtschaftlich frei. Allerdings zerbrach dadurch das soziale Netz auf dem Land.

❹ Bildungsreform (Wilhelm von Humboldt)

Es erfolgte eine bessere Ausbildung der Lehrer, Volksschulen und Gymnasien wurden ausgebaut und das Abitur eingeführt.

❺ Heeresreform (Generalleutnant Gerhard von Scharnhorst)

Die aus Söldnern bestehende alte Armee wurde aufgelöst und die allgemeine Wehrpflicht eingeführt. Weiterhin konnte jeder Offizier werden, der tapfer und geeignet war. Die Beförderung war damit nicht mehr alleine vom Dienstalter und von adliger Herkunft, sondern auch von den persönlichen Leistungen abhängig. Das Auspeitschen und Spießrutenlaufen als Strafe wurden verboten.

Die Reformen trugen dazu bei, dass Preußen 1813 wieder in der Lage war, gegen Napoleon zu kämpfen und nach 1815 wieder eine Großmacht in Europa wurde.

GE	Name:	Datum:	

Napoleons Herrschaft über Europa
Reformen in Bayern

❶ Warum begann in der napoleonischen Zeit für das Kurfürstentum Bayern eine neue Epoche?

❷ Welche Position hatte Graf von Montgelas inne?

❸ Welche Reformen wurden in Bayern bis 1818 durchgeführt?

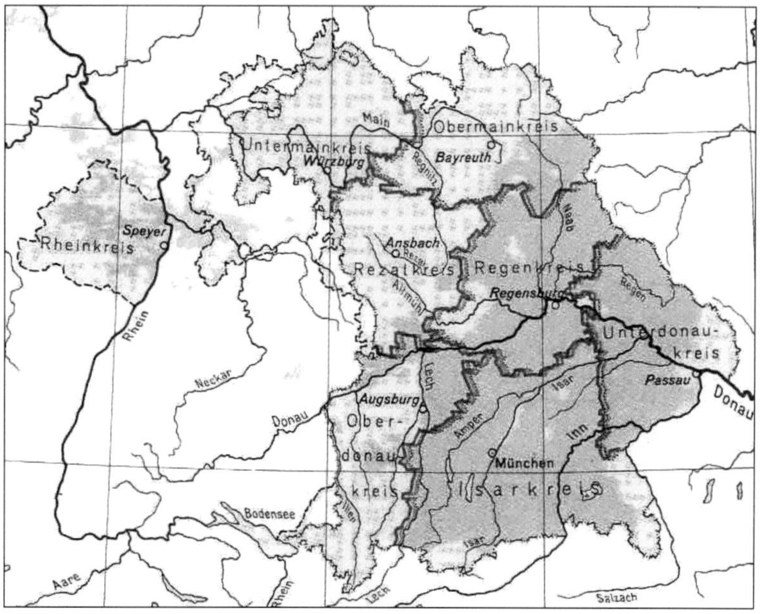

❹ 1817 legte man sich auf acht neue Kreise fest, die nach Flüssen benannt wurden. Schreibe die Namen der Kreise mithilfe der Karte auf und ordne ihnen die heutigen Regierungsbezirke zu. Welcher Kreis gehört heute nicht mehr zu Bayern?

❺ Inwiefern können die Reformen in Bayern als „Revolution von oben" bezeichnet werden?

❻ Welche dieser Reformen sind heute noch gültig?

GE | Lösung

Napoleons Herrschaft über Europa
Reformen in Bayern

Graf von Montgelas

❶ Warum begann in der napoleonischen Zeit für das Kurfürstentum Bayern eine neue Epoche?

Gebietsgewinne durch Säkularisation (Kirchenbesitz geht an den Staat über) und Mediatisierung (kleinere Städte und Grafschaften werden größeren Fürsten unterstellt). Ende 1805 löste sich Bayern aus dem Reichsbund. Es war damit unabhängig und wurde Königreich unter Max I. Joseph von Bayern.

❷ Welche Position hatte Graf von Montgelas inne?

Montgelas (1759–1838) war Außen-, Innen- und Finanzminister und maßgeblicher Reformer. Er trat 1817 zurück.

❸ Welche Reformen wurden in Bayern bis 1818 durchgeführt?

- *Schaffung eines Gesamtministeriums, bestehend aus fünf Fachministerien (Äußeres, Inneres, Finanzen, Justiz, Krieg)*
- *loyale Beamtenschaft*
- *1802 Schulpflicht (6 J. – 12 J.)*
- *1803 Toleranzedikt*
- *1808 keine Leibeigenschaft*
- *1813 Reform des Strafrechts*
- *Abschaffung der Binnenzölle*
- *1818 konstitutionelle Monarchie*

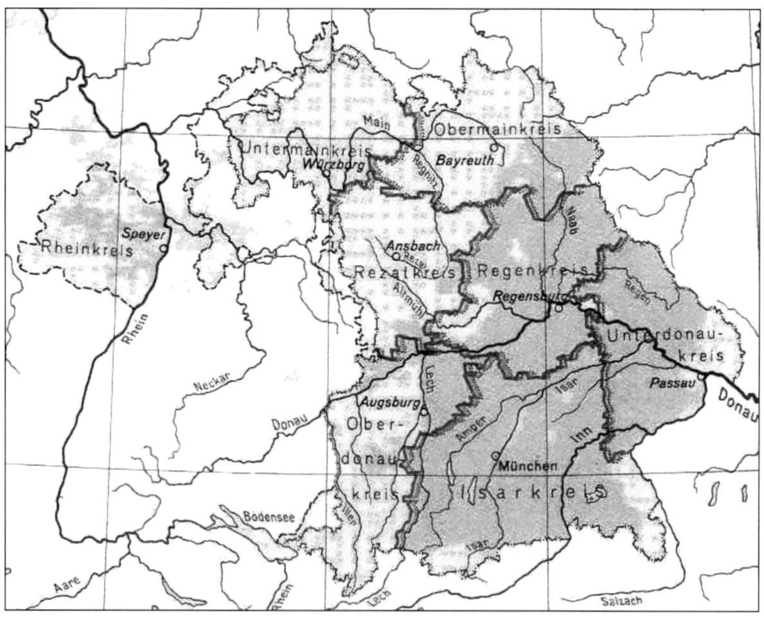

❹ 1817 legte man sich auf acht neue Kreise fest, die nach Flüssen benannt wurden. Schreibe die Namen der Kreise mithilfe der Karte auf und ordne ihnen die heutigen Regierungsbezirke zu. Welcher Kreis gehört heute nicht mehr zu Bayern?

Isarkreis = Oberbayern; Unterdonaukreis = Niederbayern; Regenkreis = Oberpfalz; Obermainkreis = Oberfranken; Rezatkreis = Mittelfranken; Untermainkreis = Unterfranken; Oberdonaukreis = Schwaben. Der Rheinkreis gehört heute zu Rheinland-Pfalz.

❺ Inwiefern können die Reformen in Bayern als „Revolution von oben" bezeichnet werden?

Die von König Max Joseph als notwendig angesehenen, tiefgreifenden Reformen wurden von „oben" verordnet. Sie waren „revolutionär". Die Bürger wurden als politisch unmündig betrachtet.

❻ Welche dieser Reformen sind heute noch gültig?

Religionsfreiheit; Strafrecht und allgemeine Schulpflicht (etwas modifiziert); Beamtentum; Vereinheitlichung von Maßen, Münzen, Gewichten; Verfassung (Grundrechte)

Napoleons Fall

Lerninhalte:

- Kurze Wiederholung der Herrschaft Napoleons über Europa
- Wissen, dass die Ursachen für den Fall Napoleons primär in seinem Russlandfeldzug liegen
- Wissen um die wegweisenden Schlachten von Leipzig 1813 und Waterloo 1815
- Fähigkeit, Zeitkritik aus Karikaturen herauslesen zu können
- Kenntnis des Urteils von Zeitgenossen über Napoleon

Arbeitsmittel/Medien:

- Arbeitsblatt
- Bilder 1/2 für die Tafel: Der Übergang über die Beresina/Einzug der Monarchen in Leipzig 1813
- Infotexte 1/2/3: Napoleons Russlandfeldzug
- Infoblatt: Napoleons Fall
- Folie 1: Russlandfeldzug/Blücher/Wellington
- Folie 2a/2b: Russlandfeldzug (Karte)/Russlandfeldzug (Text)
- Folie 3: Völkerschlacht bei Leipzig 1813
- Folie 4: Karikaturen
- Folie 5: Napoleon im Urteil seiner Zeitgenossen
- Folie 6: Lösungsblatt zum Arbeitsblatt
- Video 4202688: Niederlage und Verbannung (2002; 19 Minuten; farbig)
- DVD 4659497: Napoleon und die Deutschen (2009; 74 Minuten; farbig)

Folie 2a

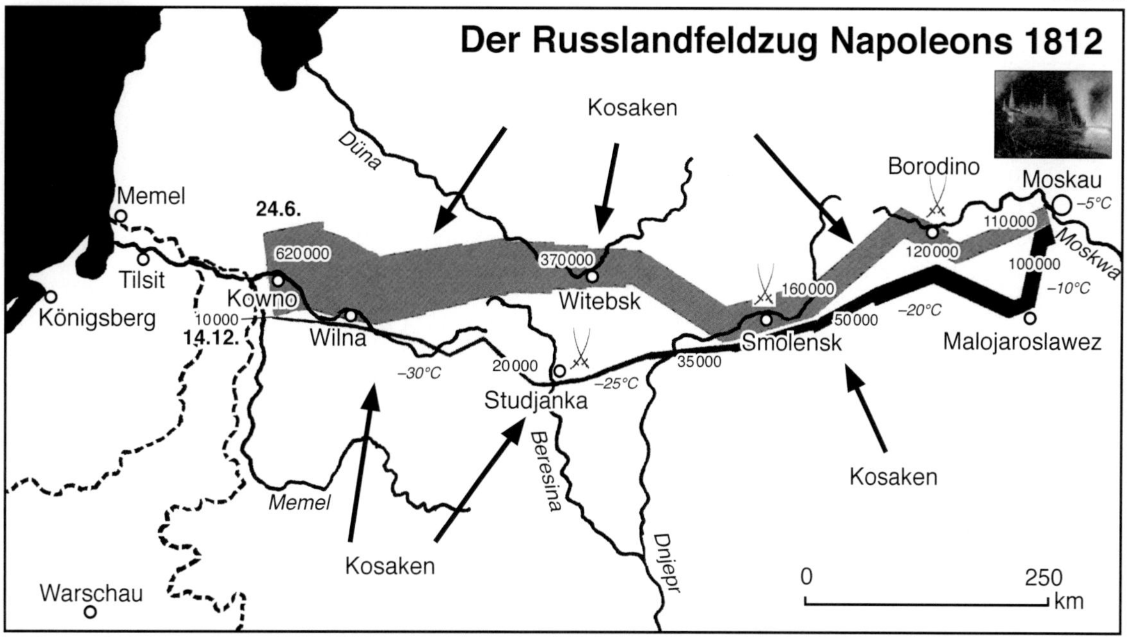

Folie 2b

Ende Dezember 1812 verließen die letzten Überlebenden der Großen Armee Napoleons den Boden Russlands. Nur noch 10000 Mann blieben übrig, über 600000 Soldaten verloren ihr Leben. Nun sahen die Bauern, die im Sommer den siegessicheren Aufbruch des Heerwurms miterlebt hatten, seine kläglichen Reste: ausgemergelte, verstümmelte Männer, die erfrorenen Gliedmaßen mit Lumpen oder Stroh umwickelt – geschlagen. Auf den Straßen sang man:
Mit Mann und Ross und Wagen, so hat sie Gott geschlagen. Es irrt durch Schnee und Wald umher, das große, mächt'ge Franzosenheer; der Kaiser auf der Flucht, Soldaten ohne Zucht; mit Mann und Ross und Wagen, so hat sie Gott geschlagen.

Verlaufsskizze (3 UE)

I. Motivation

Stummer Impuls	Tafel Bild (S. 27)	Napoleon auf dem Thron
Wiederholung		
Stummer Impuls	Tafel Bild 1 (S. 47)	Der Übergang über die Beresina
Aussprache		
Überleitung		L: Dieses Ereignis leitet den Niedergang Napoleons ein.
Zielangabe	Tafel	**Napoleons Fall**

II. Begegnung/Erarbeitung

Stummer Impuls	Folie 1 (S. 48)	Russlandfeldzug
Aussprache		
	Infotexte 1/2/3	Napoleons Russlandfeldzug
Erlesen	(S. 49/50/51)	
Aussprache		
Lehrerinformation		Zur Großen Armee gehörten bei ihrer Aufstellung: 290000 Franzosen, 75000 Polen, 35000 Österreicher, 30000 Italiener, 30000 Bayern, 30000 Westfalen, 30000 Württemberger, Badener und Hessen, 25000 Sachsen, 20000 Preußen, 15000 Soldaten aus den kleineren Rheinbundstaaten, 10000 Spanier und Portugiesen, 10000 Dänen, 8000 Schweizer und 7000 weitere Soldaten.
Zusammenfassung	Folie 2a (S. 45)	Russlandfeldzug (Karte)
Aussprache		
Erlesen	Folie 2b (S. 45)	Russlandfeldzug (Text)
Aussprache		
Lehrerinformation		L: Von 1813 bis 1815 werden im Rahmen der sogenannten Befreiungskriege fast 50 Schlachten geschlagen. Die entscheidenden zwei Schlachten verliert Napoleon.
	Tafel	**1813:** Lüneburg – Möckern – Halle – Großgörschen – Nettelnburg – Bautzen – Reichenbach-Luckau – Haynau – Großbeeren – Katzbach – Dresden – Hagelberg – Kulm – Dennewitz – Göhrde – Altenburg – Wittenberg – Wartenburg – Liebertwolkwitz – **Leipzig** – Torgau – Hanau **1814:** Épinal – Colombey-Brienne – La Rothière – Champaubert – Montmirail – Château-Thierry – Vauchamps – Mortmant – Montereau – Bar-sur-Aube – Soissons – Craonne – Laon – Reims – Arcis-sur-Aube – Fère-Champenoise – Saint-Dizier – Paris **1815:** Quatre-Bras – Ligny – **Waterloo** – Wavre – Paris
Stummer Impuls	Folie 1 (S. 48)	Blücher/Wellington
Zusammenfassung	Infoblatt (S. 52)	Napoleons Fall
	Tafel Bild 2 (S. 53)	Einzug der Monarchen in Leipzig am 19. Oktober 1813
Erlesen	Folie 3 (S. 54)	Völkerschlacht bei Leipzig

III. Wertung

Stummer Impuls	Folie 4 (S. 55)	Karikaturen
Aussprache		
	Folie 5 (S. 56)	Napoleon im Urteil seiner Zeitgenossen
Aussprache		

IV. Sicherung

Zusammenfassung	Arbeitsblatt (S.57) Atlas/Karte	Napoleons Fall
Aussprache		
Lösung/Kontrolle	Folie 6 (S.58)	
Zusammenfassung	Videofilm	Niederlage und Verbannung (19 Min.; farbig)
Aussprache		

V. Ausweitung

Zusammenfassung	DVD	Napoleon und die Deutschen (74 Minuten; farbig)

Der Übergang über die Beresina
Gemäldekopie von Janvier Suchodolski (1866)

Der Rückzug der Großen Armee aus Russland
Gemälde von Johann Adam Klein (1812)

Gebhard Leberecht von Blücher
Gemälde von Paul Ernst Gebauer (1815/16)

Herzog von Wellington
Gemälde von Sir Thomas Lawrence (1814)

Napoleons Russlandfeldzug

„Ich werde gegen Alexander zu Felde ziehen mit zweitausend Kanonen und mehr als fünfhunderttausend Mann. Ich werde ihn schlagen und nach Asien zurückwerfen."

Mit diesen Worten begann Napoleon seinen größten Krieg, den größten Kriegszug, den die Welt bis dahin gesehen hatte. Nicht fünfhunderttausend, nein sechshunderttausend Soldaten, darunter allein sechzigtausend Reiter, hatte er aus Frankreich, Holland, Portugal, Italien, Deutschland, Österreich, Preußen und Polen zusammengezogen, um Alexander zu besiegen und dann gegen den Hauptfeind, gegen England zu ziehen, sei es in Europa, sei es in Indien.

Die gewaltige Armee marschierte im Frühjahr 1812 quer durch Deutschland nach Osten. Sie zog nach Ostpreußen und wartete dort auf den Befehl zum Vorrücken in die unendlichen Ebenen des russischen Reiches.

Indessen versammelte Napoleon im Mai 1812 in Dresden die deutschen Fürsten um sich. Von Berlin kam König Friedrich III., von Wien Kaiser Franz I., dazu viele andere Fürstlichkeiten. In rauschenden Festen verabschiedete sich der Kaiser der Franzosen von den Fürsten des Festlandes. Es war für Napoleon ein Triumph ohnegleichen. Niemand ahnte in dem Jubel der Dresdner Tage, welch entsetzlicher Katastrophe der Herr Europas mit seinem Riesenheer entgegenging.

Am 28. Mai verließ Napoleon Dresden und begab sich nach Ostpreußen. Es war genauso heiß wie vor fünf Jahren, als er sich dem Memelfluss näherte, auf dem er damals Zar Alexander getroffen hatte, um die Herrschaft Europas mit ihm zu teilen. Nun wollte er den Abtrünnigen zwingen, zu den Abmachungen des Friedens von Tilsit zurückzukehren.

Vor dem Aufbruch nach Russand hinein nahm er noch einmal Heerschau ab über die Große Armee. Und so marschierten sie alle an ihm vorüber: Grenadiere und Musketiere, die Garden mit ihren hohen Bärenmützen, dann Husaren[1], Dragoner[2] und Kürassiere[3]. Nichts fehlte an ihrer Ausrüstung. Fußbekleidung, Monturen, Waffen, Ross und Sattelzeug, alles war in bester Ausführung.

Voran ritten die Marschälle, Generale und Obersten in goldstrotzender Uniform. „Vive L'Empereur!" „Es lebe der Kaiser!" Mit diesem Ruf marschierte Regiment auf Regiment an ihm vorüber, den ganzen Tag. Diese Armee musste und wurde ihm seine Weltherrschaft vollenden helfen.

Nur einmal hörte er den vertrauten Ruf nicht. Als er an den 20000 Preußen vorüberritt, die mehr gezwungen als freiwillig seinen Fahnen folgten, da empfingen sie ihn mit eisigem Schweigen. So hatte es ihr Führer, General York, befohlen.

In drei großen Heeressäulen überschritt die Armee auf drei Kriegsbrücken den Njemen. Kein Russe verhinderte hier den Übergang. Alle Soldaten freuten sich, nur der Kaiser nicht. Regungslos stand er am Ufer und blickte hinein in das schweigende, rätselhafte Land. Er verstand die Russen nicht. Wollten sie denn ihr Land nicht gegen den Eindringling verteidigen? Es war doch bisher immer, so gewesen: zwei, drei rasch aufeinanderfolgende Schlachten und Siege, dann der Einmarsch in die feindliche Hauptstadt und zuletzt der Friede! – Aber gegen wen sollte er jetzt Krieg führen? Gegen stumme Wälder, endlose Ebenen, ausgestorbene Dörfer?

So marschierte die Große Armee in der ermattenden Juni- und Julihitze durch Litauen über Kowno und Wilna ostwärts, ohne auch nur einen einzigen russischen Soldaten zu sehen. Und wenn sie nach stundenlangen Märschen endlich in irgendeiner kleinen Stadt oder in der Nähe eines Dorfes Halt machten, dann sahen sie leere Häuser, zerstörte Brunnen mit schlechtem Wasser. Meilenweit liefen die Krieger umher, um Nahrungsmittel zu suchen. Die Pferde starben zu Tausenden, weil sie nichts anderes zu fressen bekamen als das harte Stroh von den Dächern der Bauernhütten oder das unreife, grüne Getreide auf den Feldern. Viele Kanonen und Pulverwagen mussten schon zurückgelassen werden. Den unbarmherzigen Sonnengluten folgten noch furchtbarere Gewitter mit sintflutartigen Wolkenbrüchen. Unwegsam wurden die Straßen von Schlamm und Schmutz. Im Heer brach die Ruhr aus. Viele wurden fahnenflüchtig. „Ich weiß, dass die Lage der Armee furchtbar ist", musste selbst Napoleon bekennen, „bei Wilna ist bereits die Hälfte der Armee zurückgeblieben, jetzt habe ich nur noch ein Drittel. Es ist keine Zeit zu verlieren. Wir müssen den Frieden herbeiführen; wir finden ihn in Moskau."

Nur vorher eine Schlacht, eine vernichtende Niederlage des Feindes. Dann würde der Friede kommen. Die Schlacht kam: Alle Russen verlangten, dass man die Hauptstadt verteidige. Vor Borodino hatte das russische Heer Halt gemacht und wehrte in starken Erdschanzen dem Weitermarsch der Großen Armee. Napoleon frohlockte:

„Endlich halten wir sie. Lasst uns gehen und die Tür nach Moskau öffnen!"
Unverzüglich befahl er den Angriff. Aber nicht eher wichen die Russen dem mörderischen Kanonenfeuer und den wütenden Reiterangriffen der Franzosen, bis die Hälfte ihres Heeres, 250 000 Mann, das Schlachtfeld bedeckten. Auch der Sieger hatte furchtbare Verluste. 28 000 Soldaten seiner Armee hatten mit ihrem Leben den Sieg erkauft. Am Abend dieser „blutigsten aller Schlachten" gaben die Russen den Weg nach Moskau frei. Sieben Tage später, am 14. September, kam die Große Armee, noch 100 000 von 600 000, auf dem Sperlingshügel vor Moskau an. Unermesslich groß erschien den Soldaten die weite Stadt mit ihren tausend Türmen und Kirchen.
„Moskau! Moskau!", so jubelten die ermatteten Soldaten und schwenkten Helme, Tschakos[4] und Bärenmützen oder steckten sie im Freudentaumel auf die Bajonette[5]. „Moskau!" Das war für sie Ruhe, Essen und Trinken. Moskau war Frieden. Hatte nicht Napoleon immer so gesprochen?
In den allgemeinen Freudentaumel erschien plötzlich der Kaiser selbst auf dem Hügel vor der Stadt. Ihm folgten in Paradeuniform die meisten Marschälle der Armee. Unwillkürlich hielt Napoleon sein Pferd an und blickte minutenlang stumm auf die große, weite Stadt, die im Abendsonnenschein vor seinen Blicken ausgebreitet lag.
Jetzt war er am Ziel. Dann winkte er seinem Gefolge, gab dem Pferde die Sporen und ritt an der Spitze seiner Marschälle und Generäle in die Hauptstadt des Feindes ein. Jubelnd folgten ihm die Regimenter.
Am nächsten Tage stand Napoleon am Fenster des Kremls. Es war das gewaltige Zarenschloss mit seinen zahlreichen Höfen und mehr als tausend Zimmern. Wie eine Festung überragte es die Stadt. Unfroh war Napoleons Gesicht. Mit der rechten Hand trommelte er gegen die Fensterscheiben. Er dachte an die leeren Straßen, durch die er gezogen, an die unbewohnten Häuser und Paläste, in denen sich seine Armee einquartiert hatte. Es war eine tote, verlassene Stadt, in die er eingezogen war. Er dachte an seinen Einzug in Wien, Berlin und in manch andere Hauptstadt, wo zahlreiche Neugierige ihn erwarteten, wo Bürgermeister und Minister ihn untertänigst empfingen.
Ein Offizier trat ins Zimmer. Er blieb an der Tür stehen und wagte den Kaiser nicht zu stören in seinem finstern Brüten. Napoleon hatte ihn gehört, drehte sich aber nicht um.
„Majestät!" Da winkte der Kaiser den Adjutanten heran. „Was gibt's? Was macht die Armee?"
„Sie plündert, zerstört und schlägt alles kurz und klein; weil sie nicht findet, was sie braucht: Brot."
„Lasst sie", antwortete der Kaiser. „Sonst noch was?"
„An vielen Stellen der Stadt ist Feuer ausgebrochen. Man hat einige der Brandstifter gefangen. Es sind entlassene Verbrecher; sie sagen, der russische Kommandant habe die Gefängnisse geöffnet und allen Sträflingen die Freiheit versprochen, wenn sie beim Einzug der Franzosen die Stadt anzünden würden."
Entsetzt starrte ihn der Kaiser an. „Ihre eigene Hauptstadt wollen sie vernichten, um uns zum Rückzg zu zwingen? Was für Menschen! Was für Menschen! Es sind Barbaren! Es muss sofort gelöscht werden. Bringen Sie den Befehl allen Regimentern."
Während der Adjutant das Zimmer verließ, stand der Kaiser wieder am Fenster und sah bald überall rote Flammen aufflackern und Rauchschwaden über die Häuser ziehen. Der Adjutant aber, der den Kreml verlassen hatte und durch die Straßen eilen wollte, kam nur mühsam weiter. An einer Stelle sperrten zahlreiche Fahrzeuge den Weg. Aus dem Wagenschuppen eines Palastes zogen Bediente hoher Offiziere prunkvolle Kutschen und Schlitten hervor, um sie zu ihren Herren zu bringen. Er rannte vorwärts in die nächste Straße, wo statt der Steinpaläste die Holzhäuser standen. Da fraßen rasende Flammen gierig knisternd und knatternd die trockenen Wände und Dächer. Kohlende Balken, brennende Sparren flogen auf die enge Straße. Soldaten stürzten vor Entsetzen aus den Häusern und ließen alles im Stich, um nur das nackte Leben zu retten.
„Löschen!", dachte der Adjutant und kam zum nächsten Kommandanten. Doch auch da war man ratlos. Die Pumpen waren zerstört, die Schläuche zerschnitten. „Zurück", murmelte der Adjutant und wollte zum Kreml. Doch inzwischen war das Feuer weiter gerast. Ganze Stadtviertel standen in Flammen. Erst nach stundenlangen Umwegen gelangte er nach dem Zarenschloss, in dessen Nähe es auch schon brannte.
Als er spät am Abend zum Kaiser kam, stand der wieder am Fenster. Kein Licht brannte im Zimmer, und doch war es taghell von dem Flammenmeer der Stadt. Der Wind trieb die Brandhitze heran; von der Glut zersprangen die Fensterscheiben. Da trat Napoleon zurück, und der Adjutant sah in ein totenbleiches Gesicht. „Welch entsetzliches Schauspiel!", stöhnte der Kaiser und verließ das Gemach.

Am anderen Tage gab Napoleon den Befehl, die Stadt zu verlassen, bis der Brand sich ausgetobt hatte. – Was nun? Mitten im Feindesland, auf grausiger Brandstätte, ohne Brot. „Ich will den Frieden; ich brauche den Frieden um jeden Preis; retten Sie unsere Ehre!“ Mit diesen Worten schickte Napoleon seinen Abgesandten an Alexander und bat um Frieden. Aber Alexander antwortete nicht.

Da fiel am 13. Oktober der erste Schnee. Zum Brand und Hunker kam nun noch die Kälte. Erschrocken schickte Napoleon einen zweiten Boten an die Russen mit der Bitte um Frieden. Wieder ohne Erfolg. „Zurück!“, befahl am 19. Oktober der Kaiser.

Als Napoleon mit der Armee Moskau verließ, musste das Heer denselben Weg zurück, auf dem es gekommen war. Wieder durch leere Städte und verbrannte Dörfer, ohne Obdach und Nahrung. Jede andere Straße hatten ihm die Russen verlegt. Nach zehn Tagen kam man an dem Schlachtfeld von Borodino vorbei, auf dem nur die Franzosen ihre Toten begraben hatten. Da lagen noch die verwesenden Leichen von Zehntausenden von Russen, dazwischen tote Pferde, umgestürzte Wagen, Lafetten[6] und Kanonen. Und überall Raben und Geier, Füchse und Wölfe, die nur zähnefletschend und mit gesträubtem Haar zur Seite schlichen, wenn ein französischer Reiter näher herankam.

Anfang November fiel ununterbrochen Schnee, und die Kälte wurde von Tag zu Tag härter. Mühselig kam die Armee vorwärts. Viele Soldaten ermatteten. Sie und die Kranken blieben zurück, hoffnungslos den erbitterten Russen verfallen. Immer länger wurde der Zug des Heeres; immer, mehr Wagen und Kanonen mussten zurückgelassen werden, und immer näher rückten die Russen und Kosaken auf ihren flinken Pferden heran. Um so eiliger strebte die Armee der Beresina zu, auf deren jenseitigem Ufer sie Sicherheit erhoffte.

„Wenn wir nur die Armee über den Fluss retten“, sagte Ney, als er am 25. November von dem ungeheuren Tross der Nachzügler und von dem Heranrücken der Russen Nachricht erhielt. Am 26. November wurden die Brücken geschlagen, und dann drängten zwei Tage lang die Truppen unaufhaltsam hinüber, Kanonen und Wagen über die eine, Soldaten und Nachzügler über die andere. Man schob und stürzte vorwärts und richtete vor und auf den Brücken eine furchtbare Unordnung an. Von dem entsetzlichen Gedränge brachen die Geländer, und viele stürzten hinunter in die eisigen Fluten der Beresina und ertranken. Unerschütterlich wehrten 6000 Deutsche und einige hundert Polen die nachdrängenden Russen ab und sicherten den Übergang. Am Abend des 28. November waren nur noch wenige Truppen der Hauptarmee auf dem linken Ufer. Kaum waren sie hinüber, da wurden die Brücken gesprengt und verbrannt.

Auf der anderen Seite erhob sich ein entsetzliches Wehgeschrei. Tausende von Nachzüglern waren noch drüben. Viele stürzten sich in wahnsinniger Angst in das todbringende Wasser. Die Reste der geretteten Armee aber marschierten ab und überließen mehr als 5000 Nachzügler den Kosaken.

Wenige Tage nach dem Übergang über die Beresina fiel erneut Schnee, und die Temperatur fiel auf minus dreißig Grad. Sie vernichtete alles Leben in der weiten russischen Ebene oder trieb es in geschützte Orte. Durch diese grausame Einsamkeit stapfte dahin, was noch einigermaßen bei Kräften war. Neben erloschenen Feuerstellen lagen erfrorene Soldaten, zum Teil in Lumpen, zum Teil in glänzenden Uniformen, Gemeine und Offiziere. Sie hatten hier am Abend ein Feuer angezündet und Pferdefleisch gekocht. Nachdem sie tüchtig gegessen hatten, hatten sie sich behaglich gegen die wärmenden Flammen gesetzt und waren eingeschlafen. Das Übrige hatte die furchtbare Kälte in wenigen Stunden vollbracht.

Mühsam, an Stöcken, die erfrorenen Füße meistens mit Zeugfetzen und Schaffellen umwickelt, zerlumpt und halbverhungert, so schleppten sich die Reste der Großen Armee nach Westen. In einem Trupp der Gardekavallerie marschierte der Kaiser mit einigen Marschällen und Generälen. Die Pferde wurden geführt; Hunger und Kälte hatte auch sie entkräftet. Napoleon trug einen polnischen Pelz, eine rote Fuchsmütze auf dem Kopf und einen Stock in der Hand.

Am Abend des 5. Dezember fuhr Napoleon mit drei Generälen in einem Schlitten davon und überließ die letzten Reste der Großen Armee ihrem Schicksal in der Schneewüste Polens.

[1] Husaren = leicht bewaffnete Reiter (Kavallerie)
[2] Dragoner = Reiter mit Muskete/Pike bewaffnet
[3] Kürassiere = Reiter mit Rüstungen und Pistolen
[4] Tschakos = zylindrische oder konische Lederhelme
[5] Bajonette = Stichwaffe auf dem Gewehr
[6] Lafetten = fahrbare Geschütze, Kanonen auf Rädern

Napoleons Fall

1812

Mit seiner „Grande Armée", die mehr als 600000 Soldaten umfasst, beginnt Napoleon im Juni den Krieg gegen Russland. Trotz der siegreichen Schlacht bei Borodino leitet dieser Feldzug den Niedergang Napoleons ein. Die Einwohner Moskaus stecken im September ihre eigene Hauptstadt in Brand, damit sie nicht eingenommen werden kann. Dem großen französischem Heer fehlt nun das Winterquartier. Völlig erschöpft müssen die Soldaten den Rückzug antreten. Hunger, Seuchen und die bittere Kälte lassen Hunderttausende von Soldaten sterben. Unter ständigen Angriffen der Kosaken endet der Feldzug in einem Fiasko. Nur 18000 Männer kehren entkräftet und ausgemergelt zurück, alle anderen kommen ums Leben oder geraten in russische Gefangenschaft.

1813

In der Völkerschlacht bei Leipzig vom 16. bis 19. Oktober unterliegt Napoleon den Truppen von England, Russland, Österreich, Schweden und Preußen. Der Rheinbund löst sich auf. Napoleons Herrschaft in Europa bricht zusammen.

1814

Wenige Monate später ziehen diese Verbündeten unter der Führung des preußischen Generals Blücher in Paris ein. Am 6. April muss Napoleon in Fontainebleau abdanken und wird auf die Insel Elba im Mittelmeer verbannt. Nachfolger wird König Ludwig XVIII., der Bruder des hingerichteten Königs Ludwig XVI.

1815

Am 26. Februar verlässt Napoleon sein Exil auf Elba und landet am 1. März in Frankreich. Diese Rückkehr des Kaisers wird die „Herrschaft der 100 Tage" genannt und endet am 18. Juni bei Waterloo, wo ihn die verbündeten Preußen und Engländer besiegen.

Am 22. Juni erfolgt Napoleons zweite und endgültige Abdankung. Er wird am 15. Juli auf die kleine englische Insel Sankt Helena im Südatlantik verbannt, wo er seine Memoiren schreibt.

1821

Napoleon stirbt dort am 5. Mai 1821 an Magenkrebs.

1840

Seine sterblichen Überreste werden nach Paris überführt und im Invalidendom beigesetzt.

Napoleons Abschied von der Kaiserlichen Garde in Fontainebleau
Gemälde von Antoine Alphonse Montfort 1814

Hubert Albus: Von Napoleon Bonaparte bis zum Scheitern der Revolution 1848
Best.-Nr. 060 © Brigg Verlag KG, Friedberg

Einzug der Monarchen in Leipzig am 19. Oktober 1813
Kaiser Franz I. (Österreich), König Friedrich Wilhelm III. (Preußen), Zar Alexander I. (Russland)

Verwundete liegen geschichtet wie die Heringe in ihren Tonnen

In einem Bericht an die preußische Regierung beschreibt Professor Johann Christian Reil, der Lazarettdirektor für das linke Elbufer, die Zustände in den Leipziger Spitälern:

Man hat unsere Verwundete an Orte niedergelegt, die ich der Kaufmännin nicht für ihren kranken Möppel anbieten möchte. Sie liegen entweder in dumpfen Spelunken, in welchen selbst das Amphibienleben nicht Sauerstoffgas genug finden würde, oder in scheibenleeren Schulen und wölbischen Kirchen, in welchen die Kälte der Atmosphäre in dem Maße wächst, als ihre Verderbnis abnimmt ... Bei dem Mangel öffentlicher Gebäude hat man dennoch auch nicht ein einziges Bürgerhaus den gemeinen Soldaten zum Spitale eingeräumt. An jenen Orten liegen sie geschichtet wie die Heringe in ihren Tonnen, alle noch in den blutigen Gewändern, in welchen sie aus der heißen Schlacht hereingetragen sind. Unter 20000 Verwundeten hat auch nicht ein einziger ein Hemde, Betttuch, Decke, Strohsack oder Bettstelle erhalten. Nicht allen, aber doch einzelnen hätte man geben können. Keiner Nation ist ein Vorzug eingeräumt, alle sind gleich elend beraten, und dies ist das einzige, worüber die Soldaten sich nicht zu beklagen haben. Sie haben nicht einmal Lagerstroh, sondern die Stuben sind mit Heckerling aus den Biwaks ausgestreut, das nur für den Schein gelten kann. Alle Kranke mit zerbrochenen Armen und Beinen, und deren sind viele, denen man auf der nackten Erde keine Lage hat geben können, sind für die verbündeten Armeen verloren. Ein Teil derselben ist schon tot, der andere wird noch sterben. Ihre Glieder sind, wie nach Vergiftungen, furchtbar aufgelaufen, brandig, und liegen in allen Richtungen neben den Rümpfen. Daher der Kinnbackenkrampf in allen Ecken und Winkeln, der um so mehr wuchert, als Hunger und Kälte seiner Hauptursache zu Hilfe kommen ... Viele Amputationen sind versäumt, andere werden von unberufenen Menschen gemacht, die kaum das Barbiermesser führen können. Ich schließe meinen Bericht mit dem grässlichsten Schauspiel ... Auf dem offenen Hofe der Bürgerschule fand ich einen Berg, der aus Kehricht und Leichen meiner Landsleute bestand, die nackend lagen und von Hunden und Raben angefressen wurden, als wenn sie Missetäter und Mordbrenner gewesen wären. So entheiligt man die Überreste der Helden, die dem Vaterlande gefallen sind!

The Plumb-pudding in danger
Karikatur von James Gillray 1805

Triumph des Jahres 1813
allen echten Deutschen gewidmet

Der Pariser Nussknacker

Napoleon im Urteil seiner Zeitgenossen

„Man darf den Fürchterlichen so leicht nicht richten, als es die meisten tun, in Hass und Liebe ... Er trägt das Gepräge eines außerordentlichen Menschen, eines erhabenen Ungeheuers, das noch ungeheurer scheint, weil es über und unter Menschen herrscht und wirkt, welchen es nicht angehört. Bewunderung und Furcht ... kann man auch Bonaparte nicht versagen."

Ernst Moritz Arndt (Dichter), 1806

„Er und sein unangemessener Ehrgeiz meint nur sich selbst und sein persönliches Interesse ... Er ist von seinem Glücke geblendet, und er meint, alles zu vermögen. Dabei ist er ohne alle Mäßigung, und wer nicht Maß halten kann, verliert das Gleichgewicht."

Luise (Königin von Preußen), 1808

„Bonaparte ist auf falsche Art und Weise ein großer Mann. Die Großzügigkeit, welche die wahren Helden und Könige auszeichnet, fehlt ihm. Die Natur schuf ihn ohne Liebe und Mitleid ... Geboren, um zu zerstören, trägt Bonaparte das Böse so natürlich in sich wie eine Mutter ihr Kind, mit Freuden und einem gewissen Stolz."

François Réne Vicomte de Chateaubriand (Schriftsteller), 1814

„Da war Napoleon ein Kerl! Immer erleuchtet, immer klar und entschieden, und zu jeder Stunde mit der hinreichenden Energie begabt, um das, was er als vorteilhaft und notwendig erkannt hatte, sogleich ins Werk zu setzen. Sein Leben war das Schreiten eines Halbgottes von Schlacht zu Schlacht, von Sieg zu Sieg. Von ihm könnte man sehr wohl sagen, dass er sich in dem Zustande einer fortwährenden Erleuchtung befunden; weshalb auch sein Geschick ein so glänzendes war, wie es die Welt vor ihm nicht sah und vielleicht auch nach ihm nicht sehen wird."

Johann Wolfgang von Goethe (Dichter), 1828

„Dieser Mann war ein Stern seines Volkes und dann seine Sonne geworden. Es war kein Verbrechen, sich von ihr blenden zu lassen."

Victor Hugo (Dichter), 1841

„Napoleon ist vielleicht der Mensch, den ich am meisten in meinem Leben geliebt habe. Aber als ich sah, dass dieses große Genie sich verdunkelte, dass sein hoher Verstand von Einbildungen getrübt war, dass er unberührt gegenüber den Interessen Frankreichs nur seinem Stolz lebte, gestehe ich, dass ich kein anderen Gefühle mehr hatte als die, die mich meinem Vaterland verbanden."

Marschall Marmont, 1815

„Vor der Revolution war die Staatsgewalt in weibliche Hände geraten, wir hatten einen schwachsinnigen König, er wurde geköpft und seine Familie verjagt. Napoleon benutzte diese Gelegenheit, um eine gute Regierung und ein taugliches Verwaltungssystem wieder aufzubauen."

Zeitungsnachricht, 1804

„Wenn Frankreich auch nicht seinen früheren Wohlstand erreicht hat, so fehlt doch nicht mehr viel daran. Die Unternehmen und Geschäfte haben wieder neuen Aufschwung genommen. Das alles haben wir dem Kaiser zu verdanken."

Zeitungsnachricht, 1805

Hubert Albus: Von Napoleon Bonaparte bis zum Scheitern der Revolution 1848
Best.-Nr. 060 © Brigg Verlag KG, Friedberg

GE	Name: ____________________	Datum: ____________	

Napoleons Fall

❶ Warum scheiterte Napoleons Russlandfeldzug 1812?

____

____

____

____

____

❷ Was blieb von der Großen Armee Napoleons übrig?

____

____

❸ Vom 16. bis 19. Oktober 1813 fand die bis dahin größte Schlacht der Menschheitsgeschichte statt. Wo? Wer kämpfte gegen wen? Wie endete die Schlacht?

____

____

____

❹ Ein deutscher Karikaturist macht sich 1813 über das schnelle Ende von Napoleons Herrschaft lustig. Beschreibe die einzelnen Stationen.

____

____

____

____

____

____

____

____

____

❺ Napoleon dankte am 6. April 1814 ab und wurde auf die Insel Elba verbannt. Seine triumphale Rückkehr dauerte allerdings nicht lange. Wie heißt diese Zeitspanne?

____

❻ Wo und wann wurde Napoleon endgültig geschlagen?

____

____

____

❼ Trage die wichtigsten Ereignisse ab 1812 in die Karte rechts ein.

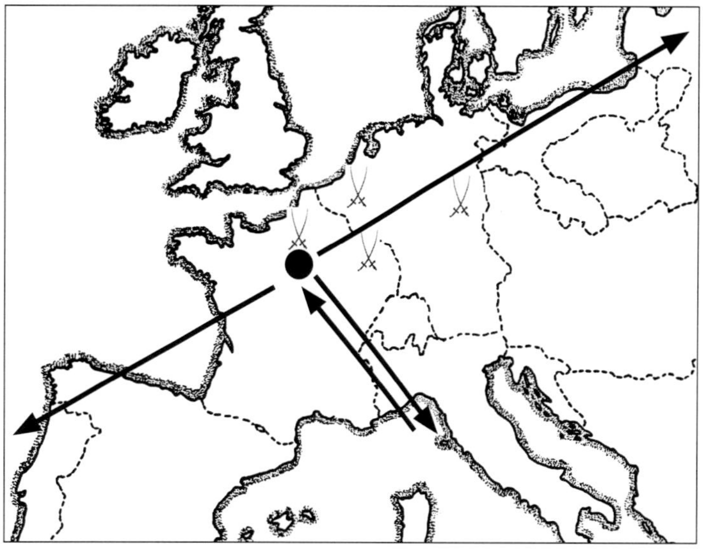

GE | Lösung

Napoleons Fall

❶ Warum scheiterte Napoleons Russlandfeldzug 1812?

Napoleon unterschätzte den Widerstand der russischen Armee, die Weite des Raumes (ein Marsch über 1000 km), die klimatischen Bedingungen (Kälte) und die Taktik der „verbrannten Erde" (Vergiften von Brunnen, Anzünden von Dörfern). Napoleon überschätzte seine Fähigkeiten und die seiner Armee.

❷ Was blieb von der Großen Armee Napoleons übrig?

Von rund 620 000 Soldaten am 24. Juni 1812 blieben am 14. Dezember 1812 nur rund 10 000 entkräftete Männer übrig.

❸ Vom 16. bis 19. Oktober 1813 fand die bis dahin größte Schlacht der Menschheitsgeschichte statt. Wo? Wer kämpfte gegen wen? Wie endete die Schlacht?

In der „Völkerschlacht von Leipzig" kämpften Frankreich, das Herzogtum Warschau, die Rheinbundstaaten, Italien und Neapel gegen Österreich, Preußen, das Russische Reich und Schweden. Napoleon erlitt mit seinen Verbündeten eine deutliche Niederlage.

❹ Ein deutscher Karikaturist macht sich 1813 über das schnelle Ende von Napoleons Herrschaft lustig. Beschreibe die einzelnen Stationen.

Korsischer Knabe → Militärschüler → Glücksritter zu Paris → General → Herrscher (Erster Konsul) → Großherrscher (Kaiser) → Abschied aus Spanien → Schlittenfahrt aus Moskau → Lebewohl aus Deutschland → Ende (Hängen am Galgen) → Fortdauer nach dem Tode (Schmoren in der Hölle)

❺ Napoleon dankte am 6. April 1814 ab und wurde auf die Insel Elba verbannt. Seine triumphale Rückkehr dauerte allerdings nicht lange. Wie heißt diese Zeitspanne?

„Herrschaft der 100 Tage"

❻ Wo und wann wurde Napoleon endgültig geschlagen?

Am 18. Juni 1815 wurde Napoleon von Preußen und England bei Waterloo vernichtend geschlagen.

❼ Trage die wichtigsten Ereignisse ab 1812 in die Karte rechts ein.

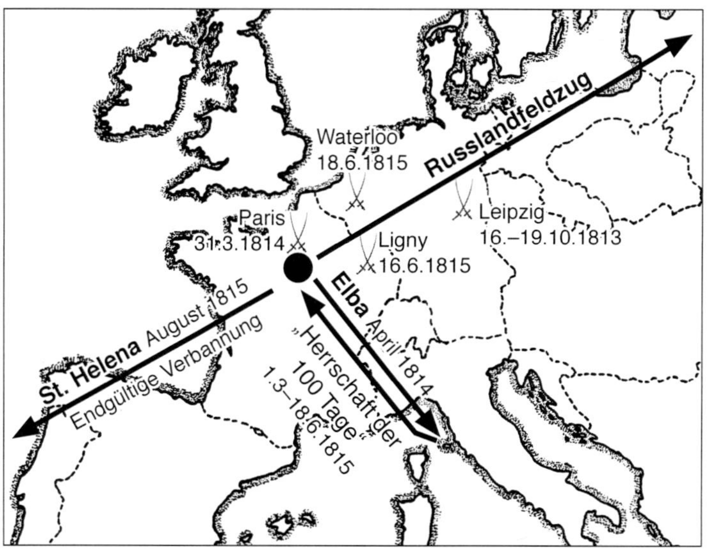

Hubert Albus: Von Napoleon Bonaparte bis zum Scheitern der Revolution 1848
Best.-Nr. 060 © Brigg Verlag KG, Friedberg

GE	Name: ____________	Datum: ________	

Napoleon Bonaparte – was weißt du noch?

❶ Welche Personen sind auf den Bildern unten dargestellt? (4 P.)

① ______________________ ② ______________________

③ ______________________ ④ ______________________

❷ Welche Ereignisse sind mit diesen Jahreszahlen verbunden? (7 P.)

1799 ______________________

1804 ______________________

1806 ______________________

1812 ______________________

1813 ______________________

1815 ______________________

1821 ______________________

❸ Streiche bei den folgenden Sätzen die falschen Begriffe durch. (10 P.)

① Napoleon wurde in Frankreich/auf Elba/auf Korsika geboren.

② Napoleon war Überwinder der Revolution/Reformation/Religion.

③ Napoleon setzte die Säkularisation/Rezession/Regeneration in Deutschland durch.

④ Napoleon unternahm einen Feldzug nach Äthiopien/Afghanistan/Ägypten.

⑤ Der Code Civil ist ein französisches Gesetzbuch zum Zivilrecht/Militärrecht/Strafrecht.

⑥ Napoleon ließ sich zum Kaiser krönen/krönte sich selbst zum Kaiser.

⑦ Napoleon war einmal/zweimal/dreimal verheiratet.

⑧ Napoleon hatte keine Kinder/ein Kind/mehrere Kinder.

⑨ Napoleon musste nach den Befreiungskriegen abdanken/verhandeln/auswandern.

⑩ Napoleon starb an einem Herzinfarkt/an Magenkrebs/wurde erschossen.

❹ Mit welcher Maßnahme wollte Napoleon England besiegen? (2 P.)

____

❺ Welche Charaktereigenschaften führten zu Napoleons Fall? (4 P.)

____

____

27 Punkte

GE Lösung

Napoleon Bonaparte – was weißt du noch?

❶ Welche Personen sind auf den Bildern unten dargestellt? (4 P.)

① *Napoleon Bonaparte* ② *Gebhard Leberecht von Blücher*

③ *Herzog von Wellington* ④ *Marie-Louise von Österreich*

❷ Welche Ereignisse sind mit diesen Jahreszahlen verbunden? (7 P.)

1799 *Ägyptenfeldzug; Machtübernahme durch Militärputsch → Erster Konsul*

1804 *Kaiserkönung in Paris in Notre Dame*

1806 *Sieg in der Doppelschlacht bei Jena und Auerstedt gegen Preußen; Rheinbund*

1812 *Russlandfeldzug gegen Zar Alexander I. endet mit einer vernichtenden Niederlage*

1813 *Niederlage in der Völkerschlacht bei Leipzig; Auflösung des Rheinbundes*

1815 *Rückkehr Napoleons von Elba; Niederlage in der Schlacht bei Waterloo*

1821 *Tod Napoleons auf der Insel St. Helena (Südatlantik)*

❸ Streiche bei den folgenden Sätzen die falschen Begriffe durch. (10 P.)

① Napoleon wurde ~~in Frankreich/auf Elba~~/auf Korsika geboren.

② Napoleon war Überwinder der Revolution/~~Reformation/Religion~~.

③ Napoleon setzte die Säkularisation/~~Rezession/Regeneration~~ in Deutschland durch.

④ Napoleon unternahm einen Feldzug nach ~~Äthiopien/Afghanistan~~/Ägypten.

⑤ Der Code Civil ist ein französisches Gesetzbuch zum Zivilrecht/~~Militärrecht/Strafrecht~~.

⑥ Napoleon ~~ließ sich zum Kaiser krönen~~/krönte sich selbst zum Kaiser.

⑦ Napoleon war ~~einmal~~/zweimal/~~dreimal~~ verheiratet.

⑧ Napoleon hatte ~~keine Kinder/ein Kind~~/mehrere Kinder.

⑨ Napoleon musste nach den Befreiungskriegen abdanken/~~verhandeln/auswandern~~.

⑩ Napoleon starb ~~an einem Herzinfarkt~~/an Magenkrebs/~~wurde erschossen~~.

❹ Mit welcher Maßnahme wollte Napoleon England besiegen? (2 P.)

Kontinentalsperre ab 1806, Einfuhrverbot englischer Waren nach Europa

❺ Welche Charaktereigenschaften führten zu Napoleons Fall? (4 P.)

Maßlose Selbstüberschätzung, zu hohe Risikobereitschaft, Überheblichkeit, falsche Einschätzung militärisch bedrohlicher Situationen

27 Punkte

Hubert Albus: Von Napoleon Bonaparte bis zum Scheitern der Revolution 1848
Best.-Nr. 060 © Brigg Verlag KG, Friedberg

Der Wiener Kongress – die Restauration Europas

Lerninhalte:

- Wiederholung Napoleon
- Wissen um die Ergebnisse des Wiener Kongresses 1814/15
- Wissen, was der Begriff „Restauration“ bedeutet
- Wissen um die wichtigsten Personen des Wiener Kongresses
- Beurteilung der Bedeutung des „Deutschen Bundes“ und der „Heiligen Allianz“
- Wissen um die Unzufriedenheit der Völker Europas mit den Ergebnissen des Kongresses

Arbeitsmittel/Medien:

- Arbeitsblatt
- Infoblätter 1/2: Der Wiener Kongress – die Restauration Europas
- Bild 1 für die Tafel: Der Wiener Kongress
- Bild 2 für die Tafel: Fürst von Metternich
- Folie 1: Karte Deutscher Bund 1815
- Folie 2: Zeitungsartikel/Karikaturen zum Wiener Kongress
- Folie 3: Lösungsblatt zum Arbeitsblatt
- DVD 4602331: Napoleon Bonaparte (2005; 50 Minunten; farbig)
- Video 4202353: Der Wiener Kongress und die Gründung des Deutschen Reiches (13 Minuten)

Tafelbild

Heilige Allianz
(Zusammenschluss von Russland, Preußen und Österreich zur Erhaltung der Restauration und zum Schutz der christlichen Religion)

Restauration der ursprünglichen Machtverhältnisse (Monarchien, Fürstenmacht)

Neuordnung Europas (Wiederherstellung des europäischen Gleichgewichts)

Wiener Kongress 1814/15

216 europäische Monarchien, Herzog- und Fürstentümer sowie freie Städte

Fürst von Metternich

„Jedes Palaver ist besser als der Krieg“

Unterdrückung von liberalen und nationalen Bestrebungen durch die Obrigkeit

Missachtung der Freiheitsbestrebungen der Völker

Deutscher Bund
(lose Vereinigung von 35 Monarchien und 4 freien Reichsstädten; völlig unabhängig, politisch zerrissen, wirtschaftlich bedeutungslos)

Verlaufsskizze (2–3 UE)

I. Motivation

Stummer Impuls Wiederholung	Tafel Bild (S. 27) DVD (Ausschnitt, 1. Teil)	Napoleon auf dem Thron Napoleon Bonaparte (50 Minuten; farbig)
Aussprache Überleitung		L: Nach dem Fall Napoleons trafen sich Delegierte aus 218 europäischen Staaten in Wien.
Stummer Impuls Aussprache	Tafe Bild 1 (S. 65)	Der Wiener Kongress
Stummer Impuls Aussprache	Tafel Bild 2 (S. 66)	Fürst von Metternich
Zielangabe	Tafel	**Der Wiener Kongress**

II. Begegnung/Erarbeitung

Erlesen mit Aussprache Aussprache	Infoblätter 1/2 (S. 63/64)	Der Wiener Kongress – die Restauration Europas
Impuls	Folie 1 (S. 67)	Karte: Deutscher Bund 1815 L: Der wichtigste Politiker auf dem Wiener Kongress war Fürst von Metternich. Informiere dich über seine Person via Internet.
Aussprache Ergebnis		Klemens Wenzel Nepomuk Lothar Graf (seit 1813 Fürst) von Metternich-Winneburg zu Beilstein (geboren am 15. Mai 1773 in Koblenz, gestorben am 11. Juni 1859 in Wien) war ein Staatsmann im Kaisertum Österreich. Im Jahr 1809 wurde er Außenminister. Seit 1813 stieg er zu einem der führenden Staatsmänner in Europa auf.

III. Wertung

Stummer Impuls Aussprache	Folie 2 (S. 68)	Karikaturen Karikatur 1: Talleyrand, der seine Mühle nach dem Wind dreht. Ein Mann mit „sechs Köpfen", der sechs politischen Richtungen diente: dem Bischof von Autun, als Mitglied der Nationalversammlung, als Außenminister unter dem Direktorium, dem 1. Konsul Napoleon, Kaiser Napoleon sowie König Louis XVIII. Karikatur 2: Der Congress (1815) Der besiegte und verbannte Napoleon sieht von Elba aus zu, wie die Anführer der Restauration, Zar Alexander I. von Russland (1777–1825), Kaiser Franz I. von Österreich (1786–1835) und König Friedrich Wilhelm III. von Preußen (1770–1840) (von links) Europa neu aufteilen. Aquatinta von Johann Michael Voltz, 1815.
Erlesen/Aussprache	Folie 2 (S. 68)	Freiheit des Volkes leidet unter neuem Frieden

IV. Sicherung

Zusammenfassung	Arbeitsblatt (S.69)	Der Wiener Kongress – die Restauration Europas
	Folie 1 (S. 67)	Karte: Der Deutsche Bund (1815)
Aussprache Lösung/Kontrolle	Folie 3 (S. 70)	

V. Ausweitung

Zusammenfassung	Video	Der Wiener Kongress und die Gründung des Deutschen Reiches (13 Minuten; farbig)

Der Wiener Kongress – die Restauration Europas

Nach dem Ende des Heiligen Römischen Reichs 1806 ordnete der Wiener Kongress, der vom 18. September 1814 bis zum 9. Juni 1815 dauerte, Europa neu.

Die fünf Großmächte Preußen, Österreich, Russland, Frankreich und England wollten das Gleichgewicht in Europa wiederherstellen und den Frieden langfristig sichern.

Die Französische Revolution 1789 und die napoleonischen Kriege hatten Europa sowohl politisch als auch territorial erschüttert. Als Napoleon im Oktober 1813 in der Völkerschlacht bei Leipzig von den Verbündeten Österreich, Russland, Preußen und Schweden vernichtend geschlagen wurde, stellte sich die Frage, wie Europa künftig zu ordnen sei. Zu diesem Zweck kamen auf Einladung von Kaiser Franz I. von Österreich die Monarchen und Abgesandten aus den bedeutendsten Staaten in Wien zusammen.

Die Teilnehmer und deren Ziele

Insgesamt waren Monarchen, Diplomaten und Militärs aus 216 europäischen Monarchien, Großherzog-, Herzog- und Fürstentümern sowie zahlreichen freien Städten anwesend.

Eine entscheidende Rolle kam dabei Österreich als Gastgeber zu, denn Außenminister Fürst von Metternich leitet den Kongress. Sein Gegenspieler war in vielen Fragen der russische Zar Alexander I. Da sich Russland im Krieg gegen Napoleon am stärksten engagiert hat, forderte es auf dem Wiener Kongress auch eine starke Vergrößerung seines Gebiets. Die Interessen Englands vertrat Außenminister Viscount Castlereagh. Dem Inselstaat war es vor allem daran gelegen, auf dem Kontinent ein stabiles Kräftegleichgewicht herzustellen, um sich selbst auf den Ausbau seiner Vorherrschaft in den Kolonien konzentrieren zu können. Für Preußen verhandelten König Friedrich Wilhelm III. sowie sein Kanzler Fürst von Hardenberg. Ihr Ziel war es vor allem, sich in den Verhandlungen neben Österreich zu behaupten und den größten Teil Norddeutschlands, auch auf Kosten der Kleinstaaten, an sich zu bringen. Gegen die Koalitionsmächte nahm Talleyrand die Interessen Frankreichs wahr und versuchte, eine Schwächung oder gar Demütigung seines Landes zu verhindern.

Die meiste Zeit verhandelten die Teilnehmer des Wiener Kongresses nicht gemeinsam an einem runden Tisch, sondern in zahlreichen Einzelgesprächen, die oft der Geheimhaltung unterlagen. Daneben war der Kongress auch ein bedeutsames gesellschaftliches Ereignis. Wien zeigte sich dabei von seiner glanzvollen Seite. Zwischen dem 29. September 1814 und dem 4. März 1815 wurden allein 63 größere Feste gefeiert, die Wiener Theater gaben insgesamt 1297 Vorstellungen, darunter viele Singspiele und Komödien. Außerdem fand am 18. Oktober 1814 eine große Militärparade der Alliierten statt. Die Feierlichkeiten nahmen schließlich derart überhand, während die Verhandlungen sich zäh dahinzogen, dass der Diplomat und Offizier Fürst von Ligne Ende 1814 den Ausdruck prägte: „Der Kongress macht keine Fortschritte, er tanzt."

Drei fundamentale Forderungen stellten die Teilnehmer des Wiener Kongresses: die Prinzipien der Restauration, der Legitimität und der Solidarität. Gemeinsames Ziel war es, die politischen Zustände vor 1789 und die alten Herrschaftsstrukturen wiederherzustellen. Um die eigene Herrschaft zu legitimieren, bestand man auf der Rechtmäßigkeit der monarchischen Herrschaft von Gottes Gnaden. Um diese Ziele dauerhaft zu sichern, war es notwendig, die monarchischen Interessen vor revolutionären Ideen und Bewegungen zu schützen. Das Gedankengut der Französischen Revolution sowie die National- und Freiheitsbewegungen wurden einhellig verurteilt.

Um sich vor den Gefahren einer möglichen Revolution zu schützen, schlossen sich die Monarchen Zar Alexander I. von Russland, Kaiser Franz I. von Österreich und König Friedrich Wilhelm III. von Preußen zur **Heiligen Allianz** zusammen. Zweck dieser Allianz, der nahezu alle Fürsten Europas beitraten, sollte der Schutz der christlichen Religion und die Sicherung der Ergebnisse des Wiener Kongresses sein.

Die territoriale Neuordnung

Angesichts dieses Drucks von außen waren die Teilnehmer zum Erfolg verdammt. Selbst Russlands Zar zeigte sich kompromissbereit. Nach über acht Monaten voller Verhandlungen und gesellschaftlicher Ereignisse, die den Kaiser Österreichs viel Geld gekostet hatten, wurde die Wiener Kongressakte am 9. Juni 1815 unterzeichnet. Nur neun Tage später unterlag Napoleon endgültig in der Schlacht von Waterloo.

Auch wenn der Wiener Kongress unter dem Zeichen der Restauration stand, eine reine Wiederherstellung der früheren Verhältnisse gab es nicht. **England** sicherte sich die Nordseeküste, mit den Niederlanden entstand ein günstiger Pufferstaat. Mit wichtigen Stützpunkten wie Malta, Ceylon und Kapstadt behauptete England seine Vormachtstellung auf den Meeren. **Russland** wurde zur stärksten Landmacht in Europa. Es erhielt Finnland, außerdem kontrollierte der Zar weite Teile Polens. **Preußen** trat polnische Gebiete an Russland ab, wurde aber durch Gebiete weiter im Westen (Pommern, Rheinprovinz, Westfalen) entschädigt. Daneben fiel Preußen auch fast die Hälfte Sachsens zu. **Österreich** gab den Breisgau und Belgien ab, erhielt dafür aber frühere Besitzungen (Vorarlberg Tirol, Kärnten, Galizien, Salzburg, Kram, Mailand sowie Venetien) zurück und war nun wieder eine Großmacht. **Frankreich** musste sich auf sein Staatsgebiet vor der Revolution 1789 zurückziehen, eine Million Franken an die Verbündeten zahlen und die geraubten Kunstschätze zurückgeben. Weitere territoriale Einbußen erlitt Frankreich nicht, damit ein stabiles Gleichgewicht der Mächte auf dem Kontinent gewährleistet war. Der **Kirchenstaat**, von Napoleon 1809 aufgehoben, wurde wiederhergestellt. **Bayern** bekam als Ausgleich für die an Österreich abgetretenen Gebiete Würzburg und Aschaffenburg und die linksrheinische Pfalz, die von seinem Staatsgebiet getrennt blieb.

Der „Flickenteppich“ **Deutschland** mit über 300 Einzelstatten wurde deutlich reduziert. Unter der Führung Österreichs entstand der **„Deutsche Bund“**, ein lockerer Zusammenschluss aus 35 Fürstenstaaten und vier freien Reichsstädten, dem auch England (für Hannover), Dänemark (für Holstein) und Holland (für Luxemburg) angehörten. Ausgeschlossen blieben die Teile Preußens und Österreichs, die nicht zum früheren Reichsgebiet gehört hatten.

Da jeder Einzelstaat die völlige Unabhängigkeit behielt, war der Deutsche Bund politisch zerstritten und wirtschaftlich zerrissen. Nicht einmal einheitliche Maße und Gewichte konnten durchgesetzt werden, denn jeder Landesherr hatte ohne Zustimmung des Bundestages das Recht, seine landeseigenen Münzen, Maße und Gewichte zu bestimmen und an seinen Landesgrenzen Zölle zu erheben. Jeder Landesherr hatte auch das Recht, mit anderen Mitgliedsstaaten des Deutschen Bundes oder mit fremden Mächten Verträge abzuschließen. Die zum Bundestag nach Frankfurt entsandten Abgeordnete waren nur an die Aufträge und Weisungen ihres Landesherren gebunden. Der Bundestag in Frankfurt besaß demnach weder legislative noch exekutive Gewalt und war damit nahezu entscheidungsunfähig. Allerdings waren die Mitgliedsstaaten des Deutschen Bundes bereit zusammenzustehen, um sich vor Druck von außen zu schützen.

Europa war durch die Ergebnisse des Wiener Kongresses neu geordnet und wieder stabil.

Der Wiener Kongress 1815 brachte für einige Jahrzehnte einen dauerhaften Frieden für Europa und war damit erfolgreich, auch wenn er die spätere Entwicklung der Nationalstaaten nur aufschieben, nicht aber verhindern konnte.

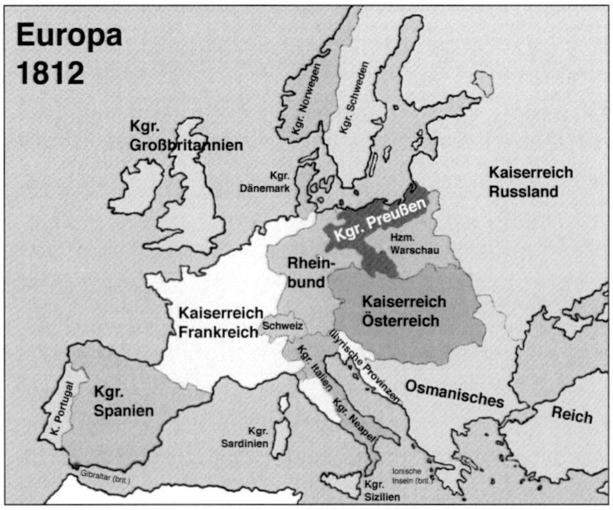

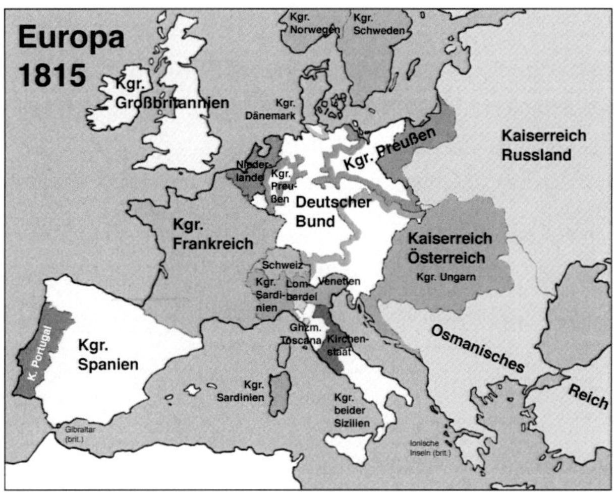

Delegierte des Wiener Kongresses. Kupferstich von Jean Godefroy (1819)

Fürst von Metternich 1801
Gemälde von Sir Thomas Lawrence (ca. 1815), Ausschnitt

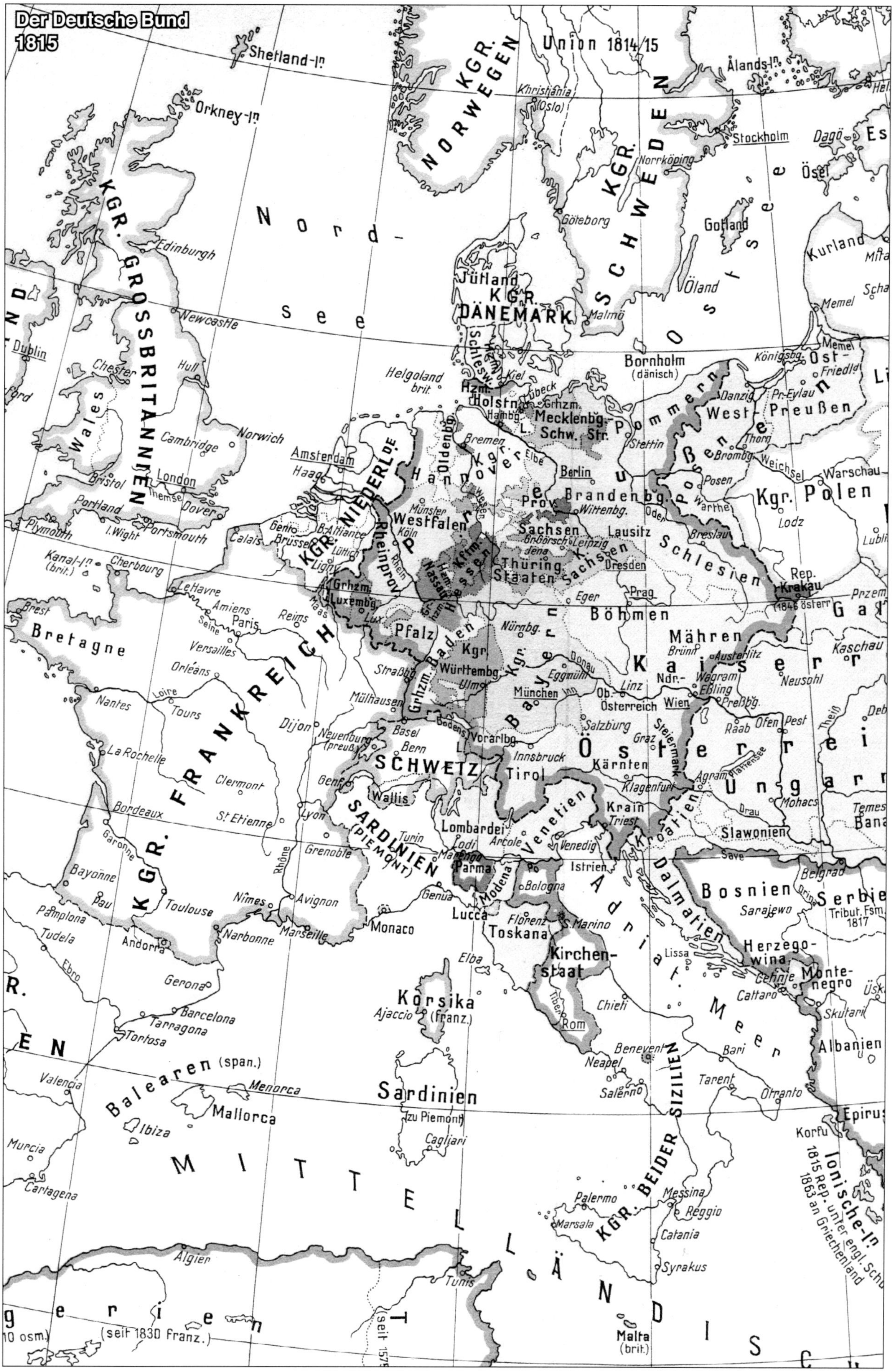
Der Deutsche Bund
1815
Shetland-In
Orkney-In
KGR. NORWEGEN
Union 1814/15
Christiania
(Oslo)
KGR. SCHWEDEN
Ålands-In
Stockholm
Norrköping
Dagö
Ösel
Göteborg
Gotland
Öland
Malmö
Kurland
Memel
Nord-see
Ostsee
KGR. GROSSBRITANNIEN
Edinburgh
Newcastle
Dublin
Hull
Chester
Wales
Cambridge
Norwich
London
Themse
Bristol
Dover
Portland
Portsmouth
Plymouth
I. Wight
Jütland
KGR. DÄNEMARK
Bornholm
(dänisch)
Königsbg.
Ost-Preußen
Schlesw.
Holst.
Kiel
Lübeck
Helgoland
brit.
Grhzm. Mecklenbg. Schw.
Str.
Pommern
Danzig
West-Preußen
Stettin
Posen
Bromberg
Thorn
Weichsel
Warschau
Kgr. Polen
Lodz
Amsterdam
Haag
KGR. NIEDERLDE.
Oldenbg.
Bremen
Kgr. Hannover
Elbe
Berlin
Prov. Brandenbg.
Wittenbg.
Oder
Münster
Westfalen
Köln
Rheinprov.
Lüttich
Brüssel
Calais
Sachsen
Leipzig
Jena
Lausitz
Schlesien
Breslau
Thüring. Staaten
Dresden
Kgr. Sachsen
Rep. Krakau
1846 österr.
Kanal-In
(brit.)
Cherbourg
Le Havre
Amiens
Paris
Seine
Reims
Versailles
Grhzm. Luxembg.
Pfalz
Eger
Prag
Böhmen
Mähren
Brünn
Austerlitz
Galizien
Kaschau
Brest
Bretagne
Orléans
Loire
Nantes
Tours
KGR. FRANKREICH
Straßbg.
Baden
Kgr. Württembg.
Ulm
Nürnbg.
Kgr. Bayern
Donau
Eggmühl
München
Inn
Linz
Ob.-Österreich
Wien
Ndr.-
Wagram
Eßling
Preßbg.
Kaiserreich Österreich
Neusohl
Mülhausen
Dijon
Neuenburg
(preuß.)
Basel
Bern
Bodensee
Vorarlbg.
Salzburg
Innsbruck
Tirol
Kärnten
Graz
Steiermark
Raab
Ofen
Pest
Ungarn
La Rochelle
Clermont
SCHWEIZ
Genf
Wallis
Lyon
St. Etienne
Klagenfurt
Krain
Triest
Agram
Drau
Mohacs
Bordeaux
Garonne
KGR. SARDINIEN
(PIEMONT)
Turin
Lombardei
Lodi
Arcole
Venetien
Venedig
Kroatien
Slawonien
Save
Temesvar
Bayonne
Pau
Grenoble
Rhône
Avignon
Nîmes
Toulouse
Parma
Modena
Po
Bologna
Istrien
Bosnien
Sarajewo
Belgrad
Serbien
Tribut. Fsm. 1817
Pamplona
Tudela
Andorra
Narbonne
Marseille
Monaco
Genua
Lucca
Florenz
Toskana
S. Marino
Adriat. Meer
Dalmatien
Herzegowina
Montenegro
Cattaro
Ebro
Gerona
Elba
Kirchenstaat
Lissa
Korsika
Ajaccio
(franz.)
Tiber
Rom
Chieti
Skutari
Barcelona
Tarragona
Tortosa
Benevent
Neapel
Bari
Albanien
Balearen (span.)
Menorca
Mallorca
Ibiza
Valencia
Sardinien
(zu Piemont)
Cagliari
Salerno
Tarent
Otranto
KGR. BEIDER SIZILIEN
Epirus
Korfu
Ionische-In.
1815 Rep. unter engl. Schutz
1863 an Griechenland
Murcia
Cartagena
MITTELLÄNDISCHES
Palermo
Marsala
Messina
Reggio
Catania
Syrakus
Algier
Algerien
(seit 1830 Franz.)
Tunis
Malta
(brit.)

Freiheit des Volkes leidet unter neuem Frieden

Ziel des internationalen Treffens der Mächtigen in Wien war die Neuordnung Europas. Den Preis dafür zahlt das Volk: Der aufkeimende Liberalismus wird verdrängt!

Kaum sind wir Napoleon los, versuchen die Fürsten ihre Macht zu stärken, indem sie sich zwar im Deutschen Bund zusammenschließen, gleichzeitig aber mit uneingeschränkter Macht über ihre Kleinstaaten herrschen. So haben wir nach außen hin gesicherten Frieden, der Feind jedoch, der uns unsere Freiheit vorenthält, ist weiterhin existent – im eigenen Land. Wofür haben die französischen Revolutionäre gekämpft, warum wurden auch in deutschen Staaten die Regierungssysteme reformiert?

Es scheint, als habe der Adel während der napoleonischen Herrschaft nur wie die Hyänen gewartet, bis der Löwe von dannen gezogen ist, um sich dann über die Beute herzumachen.

Unter dem Druck Napoleons wurde in den Rheinbundstaaten reformiert, es wurden Ansätze für neue politische Verhältnisse sichtbar. Der Code Civil von 1804 wurde übernommen. Er beinhaltete eine Vereinheitlichung der Rechtsaufassung, Wirtschaftsfreiheit und das Leistungsprinzip. Das Volk hat ein eingeschränktes Mitbestimmungsrecht, jedoch gibt es kein Parlament und keine Gewaltenteilung. Aus einem monarchischen Verwaltungsstaat wird ein liberaler Verfassungsstaat

Nun wird versucht, diese Ansätze möglichst schnell zunichte zu machen, da sich herausstellt, dass das Volk sich an die Mitbestimmung gewöhnt, während der Adel die Mitbestimmungsrechte nur als notwendiges Mittel zum Zweck der Existenzsicherung sah.

Der Beschluss zum Konservativismus ist ein Rückschritt des Systems. Der Liberalismus wird mit allen Mitteln zurückgedrängt, doch werden die Fürsten schwer zu tun haben, wenn sie sein Gedankengut zerstören wollen.

Die Revolution in Frankreich und ihre Auswirkungen sind nun nachträglich zunichte gemacht worden, die Idee der Freiheit des Bürgertums wird jedoch sicherlich weiter bestehen. Bleibt abzuwarten, ob es zu einem schnellen Umsturz mit blutigen Auseinandersetzungen kommen wird, oder der Wandel langsam auf rationaler Ebene stattfindet, doch kann niemand die Augen davor verschließen, dass der Liberalismus kommen wird, einfach deshalb, weil die Hoffnung und die Möglichkeit dazu stark vorhanden sind. Der Wiener Kongress gewährt dem Alten nur weiteren Aufschub, bevor das Neue vollends zutage tritt, der Adel klammert sich an seiner Macht fest.

Talleyrand – floating with the tide (Karikatur 1815)

Der Kongress (Karikatur 1815)

Hubert Albus: Von Napoleon Bonaparte bis zum Scheitern der Revolution 1848
Best.-Nr. 060 © Brigg Verlag KG, Friedberg

GE	Name:	Datum:	

Der Wiener Kongress – die Restauration Europas

❶ Teilnehmer

① Metternich (Österreich)
② Castlereagh (England)
③ Hardenberg (Preußen)
④ Wellington (England)
⑤ Talleyrand (Frankreich)
⑥ Humboldt (Preußen)
⑦ Stackelberg (Russland)
⑧ Rasumowsky (Russl.)
⑨ Stewart (England)
⑩ Nesselrode (Russland)

❷ Welche Ziele steckte sich der Wiener Kongress?

❸ Der österreichische Diplomat Charles Joseph Fürst von Ligne prägte den Satz „Der Kongress macht keine Fortschritte, er tanzt.“ Was meinte von Ligne damit?

❹ Drei Begriffe kennzeichnen die Prinzipien der Neuordnung Europas. Erkläre sie.

① Restauration

② Legitimität

③ Solidarität

❺ Welche Ergebnisse brachte der Wiener Kongress?

GE | Lösung

Der Wiener Kongress – die Restauration Europas

❶ Teilnehmer

216 Herrscherhäuser und freie Städte vom 18. Oktober 1814 bis zum 9. Juni 1815 in Wien

① Metternich (Österreich)
② Castlereagh (England)
③ Hardenberg (Preußen)
④ Wellington (England)
⑤ Talleyrand (Frankreich)
⑥ Humboldt (Preußen)
⑦ Stackelberg (Russland)
⑧ Rasumowsky (Russl.)
⑨ Stewart (England)
⑩ Nesselrode (Russland)

❷ Welche Ziele steckte sich der Wiener Kongress?

Wiederherstellung der territorialen Verhältnisse, wie sie vor den Napoleonischen Eroberungen bestanden hatten; Verhinderung neuer Konfliktpotenziale auf diplomatischem Weg

❸ Der österreichische Diplomat Charles Joseph Fürst von Ligne prägte den Satz „Der Kongress macht keine Fortschritte, er tanzt.“ Was meinte von Ligne damit?

Die Verhandlungen verliefen äußerst zäh. Ganz anders gestaltete sich das gesellschaftliche Leben dieser Zeit. So boten die Wiener ihren internationalen Gästen mit 63 großen Bällen und 1300 Theatervorstellungen viel Anlass zur Zerstreuung.

❹ Drei Begriffe kennzeichnen die Prinzipien der Neuordnung Europas. Erkläre sie.

① Restauration

Wiederherstellung des politischen Zustandes vor 1789 und der alten Herrschaftsstrukturen

② Legitimität

Rechtmäßigkeit der monarchischen Herrschaft von Gottes Gnaden

③ Solidarität

Gegenseitiger Schutz monarchischer Interessen vor revolutionären Ideen und Bewegungen

❺ Welche Ergebnisse brachte der Wiener Kongress?

Das im Wiener Kongress verhandelte Kräftegleichgewicht zwischen den fünf Großmächten Russland, England, Frankreich, Österreich und Preußen hielt in Umrissen fast hundert Jahre bis zum Ausbruch des Ersten Weltkrieges 1914.

Die „Heilige Allianz“ garantierte, notfalls sogar militärisch, die Restauration. Die Wünsche der Völker Europas nach Freiheit und Unabhängigkeit wurden nicht erfüllt. Der „Deutsche Bund“ war nur eine lose Vereinigung von 35 Staaten und vier freien Städten.

Die Zeit des Vormärz

Lerninhalte:

- Wiederholung der Ergebnisse des Wiener Kongresses 1814/15
- Besprechung des Begriffs „Vormärz“
- Verständnis für die Forderung der Studenten, Bürger und Professoren nach Einheit und Freiheit
- Wissen um die Karlsbader Beschlüsses 1819
- Beurteilung der Ereignisse auf der Wartburg, auf Schloss Hambach und im Juli 1830 in Paris
- Wissen um die Epoche der Biedermeierzeit

Arbeitsmittel/Medien:

- Arbeitsblätter 1/2
- Infoblatt 1: Das Wartburgfest 1817 und seine Folgen
- Infoblatt 2: Die Ermordung August von Kotzebues und die Folgen
- Infoblatt 3: Das Hambacher Fest 1832 und seine Folgen
- Bilder 1/2 für die Tafel: Wartburgfest 1817/Der Denker-Club
- Bilder 3/4 für die Tafel: Julirevolution 1830 in Paris/Hambacher Fest 1832
- Folie 1: Hungersunruhen 1847
- Folie 2: Die Epoche des „Biedermeier“
- Folie 3: Die Zeit des Vormärz
- Folien 4/5: Hoffmann: Gedichte/Büchner: Friede den Hütten! Krieg den Palästen!
- Folien 6/7: Lösungsblätter zu den Arbeitsblättern 1/2
- Video 4200891: Der Zug der Marburger Demokraten (1987; 25 Minuten; farbig)
- DVD 4602449: Hambach, Vormärz und die Revolution von 1848 (2008; 54 Minuten; farbig)

Restauration

Opposition

Wiener Kongress 1814/15

Enttäuschung

Ermordung August von Kotzebues

Wartburgfest 1817

Karlsbader Beschlüsse 1819

Julirevolution 1830 in Paris

Hambacher Fest 1832

verschärfte Pressezensur
Verhaftungen/Erschießungen
wirtschaftliche Not 1847
Aufstand der Weber 1844

Biedermeierzeit
Flucht ins Idyll
Rückzug ins Private

Der Begriff **„Vormärz“** bezeichnet den historischen Zeitabschnitt zwischen dem Ende des Wiener Kongresses 1815 und dem Beginn der Märzrevolution von 1848/49 unter dem Aspekt der oppositionellen und revolutionären Strömungen der Zeit in Deutschland.

Verlaufsskizze (4 UE)

I. Motivation

Stummer Impuls	Tafel (S. 65)	Bild: Delegierte des Wiener Kongresses
Aussprache		Unzufriedenheit im Volk über die Ergebnisse des Kongresses
Ergebnis	Tafel	Restauration Opposition Wiener Kongress 1814/15 ——→ Enttäuschung
Stummer Impuls	Bild Tafel (S. 71)	Wartburgfest 1817
Aussprache		
Ergebnis	Tafel	Wartburgfest 1817
Überleitung		L: Man nennt die Zeit von 1815 bis zum März 1848 „Vormärz“. In dieser Zeit geht es um die Belange des Volkes.
Zielangabe		**Die Zeit des Vormärz – um Einheit und Freiheit**

II. Begegnung/Erarbeitung

Kurzreferate in Gruppen	Infoblatt 1 (S. 73) Infoblatt 2 (S. 74) Infoblatt 3 (S. 75)	Gr. 1/2: Das Wartburgfest 1817 und seine Folgen Gr. 3/4: Die Ermordung August von Kotzebues und die Folgen Gr. 5/6: Das Hambacher Fest 1832 und seine Folgen
Kurzreferate		
Zusammenfassung	Tafel	——→ Ermordung August von Kotzebues
Lehrerinformation	Bild Tafel (S. 77)	Karlsbader Beschlüsse 1819
Lehrerinformation	Bild Tafel (S. 78)	L: Die Julirevolution von 1830 in Paris beeinflusste die Ereignisse in Deutschland. Sie hatte den endgültigen Sturz der Bourbonen in Frankreich und die erneute Machtergreifung des Bürgertums in einem liberalen Königreich zur Folge. Ursache der Revolution war die reaktionäre Politik König Karls X. Er beabsichtigte die Vorherrschaft des Adels wiederherzustellen. Als der König versuchte, das Parlament aufzulösen, erhoben sich im Juli 1830 in Paris Handwerker, Arbeiter und Studenten und zwangen den König zur Abdankung. Er floh nach England. (nach: wikipedia)
	Bild Tafel (S. 79)	——→ Hambacher Fest 1832 ——→ verschärfte Pressezensur, Verhaftungen/Erschießungen
Stummer Impuls	Folie 1 (S. 80)	Hungersunruhen 1847
	Tafel	wirtschaftliche Not 1847, Aufstand der Weber 1844
Stummer Impuls	Tafel	——→ Biedermeierzeit
	Folie 2 (S. 81)	Die Epoche des „Biedermeier“
Aussprache		
Ergebnis	Tafel	Flucht ins Idyll, Rückzug ins Private
Zusammenfassung	Videofilm	Der Zug der Marburger Demokraten (25 Minuten)

III. Wertung

Stummer Impuls	Folie 4 (S. 83)	Lied der Deutschen/Wie ist doch die Zeitung interessant
Aussprache		
Stummer Impuls	Folie 5 (S. 84)	Georg Büchner: Friede den Hütten! Krieg den Palästen!
Aussprache		

IV. Sicherung

Zusammenfassung	Arbeitsblatt 1 (S. 85)	Die Zeit des Vormärz – um Einheit und Freiheit (1)
Aussprache		
Lösung/Kontrolle	Folie 6 (S. 86)	
Zusammenfassung	DVD (1. Teil)	Hambach, Vormärz und die Revolution von 1848 (54 Minuten)

V. Ausweitung

Zusammenfassung	Arbeitsblatt 2 (S. 87)	Die Zeit des Vormärz – um Einheit und Freiheit (2)
Aussprache		
Lösung/Kontrolle	Folie 7 (S. 88)	

Das Wartburgfest 1817 und seine Folgen

Studenten verbrannten während des Wartburgfests am 18. Oktober 1817 auf der Wartburg bei Eisenach zahlreiche reaktionäre Schriften und Bücher. Obwohl rund 500

Burschenschaften an diesem Fest teilnahmen, ging die Bücherverbrennung von einer Minderheit radikaler Studenten aus, die hauptsächlich Werke von August von Kotzebue, Karl Leberecht Immermann, jüdische Schriftsteller sowie den Napoleonischen Code Civil symbolisch den Flammen übergaben. Zur Bücherverbrennung aufgerufen hatte Friedrich Ludwig Jahn, der Mitgründer der Deutschen Burschenschaft und Führer des radikalen Flügels der Studentenbewegung. Beim Wartburgfest wurden auch Gegenstände des Militärs wie der preußische Uniformrock, der hessische Soldatenzopf und der österreichische Korporalsstock verbrannt.

Unter dem Motto „Freiheit, Ehre, Vaterland“ wurde das Fest zum Gedenken an Martin Luthers Thesenanschlag 1517 in Wittenberg und der Verbrennung der Bannandrohungsbulle 1520 sowie des vierjährigen Siegestages über Napoleon veranstaltet.

Anlass zu einem gewaltsamen Vorgehen gegen die liberale Bewegung war die Ermordung des Dichters August von Kotzebue am 23. März 1819 durch den Studenten Karl Sand. Die Burschenschaften wurden verboten, Beamte und Professoren entlassen, die als liberal galten.

Das öffentliche Leben wurde polizeilich streng überwacht und die Pressezensur wurde in verschärfter Form wieder eingeführt. Die Bürger wandten sich von der Politik ab. Ein Großteil der Bevölkerung zog sich ins private Idyll zurück. Diese Zeitepoche, die von 1815 bis zum Beginn der bürgerlichen Revolution 1848 reicht, wird deshalb auch das „Biedermeier“ genannt.

Die Ermordung August von Kotzebues und die Folgen

So etwa könnten sich die Ereignisse um die Ermordung des Dichters und kaiserlich-russischen Staatsrates August von Kotzebue am 23. März 1819 in Mannheim abgespielt haben: Ein junger Mann meldet sich am Nachmittag an der Haustür des Dichters und gibt vor, ihn sprechen zu wollen. Kotzebue lässt ihn nach einer kurzen Begrüßung eintreten. Plötzlich zieht der junge Mann einen kleinen Dolch aus dem Ärmel und sticht dem Dichter dreimal in die Brust, wobei er „Du Verräter des Vaterlandes!“ ruft. Kotzebue bricht tödlich verletzt zusammen und stirbt. Der Täter will fliehen. Als ihm das nicht gelingt, versucht er sich mit seinem Dolch selbst umzubringen. Schon bewusstlos, wird der junge Mann, der als Student Mitglied der Mannheimer Burschenschaft ist und Karl Ludwig Sand heißt, von der herbeigerufenen Wache ins Krankenhaus eingeliefert. Dort wird er operiert und nach seiner Genesung ins Gefängnis gebracht.

1820 wurde Karl Ludwig Sand zum Tode verurteilt. Zeugen überlieferten, dass Sand das Urteil gefasst aufgenommen haben soll. In einem Brief an seine Eltern nannte er seine Gemütsverfassung bis zu seiner Enthauptung „sehnsuchtsvolle Heiterkeit“.

Nach dem Mord an August von Kotzebue, der dem politisch konservativen Lager angehörte, erfolgte von Seiten des Staates in Preußen und im übrigen Deutschland eine Welle massiver Unterdrückungsmaßnahmen gegenüber allen liberalen Kräften.

Der österreichische Staatskanzler Fürst von Metternich setzte in den geheim gehaltenen Konferenzen in Karlsbad eine Reihe von Reaktionsmaßnahmen durch, die vom Deutschen Bund am 20. September 1819 beschlossen wurden. Diese sogenannten „Karlsbader Beschlüsse“, die bis zur Revolution von 1848 in Kraft blieben, leiteten ein Verbot der Burschenschaften ein und unterstellten die Universitäten einer ständigen polizeilichen Überwachung. Außerdem wurde die Zensur im gesamten Deutschen Bund eingeführt. Zur Durchsetzung dieser Beschlüsse setzte der Deutsche Bund in Mainz eine Zentraluntersuchungskommission ein, um liberale Bestrebungen und revolutionäre Umtriebe feststellen zu können. Eine Exekutionsordnung, erlaubte es den Exekutivorganen des Deutschen Bundes, militärisch in den Einzelstaaten eingreifen zu können.

Damit wurde gut organisierter Polizeistaat geschaffen. Von nun an wurden alle als fortschrittlich geltenden Personen scharfen Verhören unterzogen und häufig mit hohen Freiheitsstrafen belegt. Der gegen dieses Vorgehen protestierende Leiter der preußischen Kultus- und Unterrichtsverwaltung Wilhelm von Humboldt wurde aus dem Staatsdienst entlassen. Predigten von Theologen wurden durch Polizeispitzel überwacht und prominente Gelehrte, Wissenschaftler und Politiker wie Freiherr vom Stein und Graf Neidhardt von Gneisenau wurden beschattet.

Wer in Veröffentlichungen, in Vorlesungen und bei öffentlichen Anlässen für die nationale und liberale Bewegung eintrat, musste damit rechnen, sofort verhaftet und eingesperrt zu werden. Unter den Verfolgten, die aus ihren Ämtern vertrieben und teilweise zu langjährigen Gefängnisstrafen verurteilt wurden, waren auch prominente Teilnehmer der Befreiungskriege, wie der Bonner Universitätsprofessor Ernst Moritz Arndt und der Vater der Turnbewegung, Friedrich Ludwig Jahn. Das Turnen wurde in Preußen verboten. Der Dichter Fritz Reuter wurde 1836 in Preußen zu einer 30-jährigen Freiheitsstrafe verurteilt.

Das Hambacher Fest 1832 und seine Folgen

Das „Hambacher Fest“ zählt zu den denkwürdigsten Ereignissen in der deutschen Geschichte. Hier fand die Geburtsstunde der Demokratie statt. Der ehemalige Bundespräsident Theodor Heuss bezeichnete es als die „erste Volksversammlung der neueren deutschen Geschichte“. Das Hambacher Fest vom 27. bis 30. Mai 1832 auf dem Hambacher Schloss bei Neustadt an der Haardt (heute Neustadt an der Weinstraße, Rheinland-Pfalz) gilt als Höhepunkt frühliberaler bürgerlicher Opposition in Restauration und Vormärz. Die Forderungen der Festteilnehmer nach deutscher Einheit, Freiheit und Demokratie hatten ihre Wurzeln in der Unzufriedenheit der Bevölkerung der Pfalz mit der Verwaltung der Region durch das Königreich Bayern.

Rund 30000 Menschen versammelten sich schon früh am Morgen am Fuß des Berges, um dann zur Hambacher Schlossruine hinaufzuziehen, wo man gegen zehn Uhr angelangte. Es waren nicht nur Studenten und Professoren, Kleinbürger und Handwerker, Weinbauern und sogar viele Frauen anwesend, sondern auch Emigranten aus Polen, Italien und Vertreter der französischen Demokratie.

J. G. A. Wirth

P. J. Siebenpfeiffer

Als Hauptredner traten Philipp Jakob Siebenpfeiffer und Johann Georg August Wirth an. Sie forderten Versammlungsfreiheit, Pressefreiheit, Meinungsfreiheit, nationale Einheit, eine Neuordnung Europas auf der Grundlage gleichberechtigter Völker, Volkssouveränität und religiöse Toleranz. Obwohl sich in ihren Reden eine starke liberale Gesinnung und die Einsicht in die Notwendigkeit entschlossenen Handelns zeigte, um gegen die staatliche Zersplitterung des Deutschen Bundes vorzugehen, konnte man sich über konkrete Schritte nicht einigen.

Der Publizist Carl Ludwig Börne schrieb in einem Brief über die Rede Wirths:

„Er verbreitete sich über die Getrenntheit der deutschen Staaten, über das hieraus entspringende Elend der Einwohner, und wie ganz anders und besser für den Landmann und alle es sein würde, wenn die deutschen Völker vereint, unter einem einzigen Oberhaupte wären. Er erörterte, dass nicht eher Glück und Eintracht stattfinden würde, bis die Könige und Regenten alle weggejagt worden wären. Er schmähte aufs Heftigste über die bestehenden Regierungen, nannte die Regenten Hochverräter an ihren Völkern und rief vom Himmel Fluch und dreimaligen Fluch auf sie herab. Er schloss dann, nachdem er im Fluss der Rede den Kaiser von Russland als den größten Bluttyrannen bezeichnet, auf den Bundestag die größten Schmähungen ausgestoßen hatte, mit der Hoffnung einer baldigen, besseren Zeit, mit dem dreimaligen Lebehoch eines vereinten, freien, republikanischen Europas. Von den Studenten und jungen Leuten wurde viel ein Gesang angestimmt, der zum Refrain hatte: Nun kommt der Völker Schmaus, Fürsten zum Land hinaus.“

Was vom Hambacher Fest blieb, war die Symbolik der dort mitgeführten Fahnen: Schwarz-Rot-Gold stand fortan für ein freies und geeintes Deutschland. Für Österreich und Preußen war das Hambacher Fest willkommener Anlass, die übrigen deutschen Staaten wieder auf eine strengere Handhabung der Zensurbestimmungen und Unterdrückungsmaßnahmen gegen die liberale Oppositon zu verpflichten. So wurde die Zensur weiter verschärft und alle politischen Vereine, Versammlungen und Feste strikt verboten. Siebenpfeiffer und Wirth mussten in die Schweiz fliehen. Eine Gruppe Göttinger Professoren – die sogenannten „Göttinger Sieben“, darunter auch die Gebrüder Jacob und Wilhelm Grimm – protestierten 1837 gegen die Aufhebung der Verfassung im Königreich Hannover und wurden deshalb entlassen.

Die „Göttinger Sieben“

Das Wartburgfest 18. Oktober 1817. Zeitgenössischer Stich

Der Denker-Club
Zeitgenössischer Stich (um 1825)

Julirevolution in Paris 1830
Gemälde von Georges Cain (um 1890)

Das Hambacher Fest 27. Mai 1832. Zeitgenössischer Stich

Hungerunruhen 1847

„Brot-Krawalle“, „Kartoffelunruhen“, „Teuerungsunruhen“, „Eigentumsverletzungen“ und „Markttumulte“ – so oder ähnlich lauteten die zeitgenössischen Ausdrücke in Quellen des 18. und 19. Jahrhunderts für eine weitverbreitete Form sozialen Protests.

„Hungersunruhen“ oder „Nahrungsmittelproteste“ waren Aktionen der unteren Volksschichten in Stadt und Land, die durch Mangel oder unverhältnismäßige Teuerung von Nahrungsmitteln hervorgerufen wurden. Die notleidenden proletarischen und kleinbürgerlichen Schichten stürmten im Frühjahr 1847 die Bäcker- und Fleischläden sowie die Marktstände, um sich lebensnotwendige durch Wucherpreise unerschwingliche Nahrungsmittel zu verschaffen.

Niemals zuvor oder danach waren Hungerunruhen in Deutschland so sehr verbreitet wie während der 40er-Jahre des 19. Jahrhunderts. Allein für das Jahr 1847, den Höhepunkt einer letzten agrarischen Mangelkrise in Teilen West- und Mitteleuropas, können ca. 200 Aufstände nachgewiesen werden. Von 189 Unruhen, deren Daten hinreichend bekannt sind, konzentrierten sich 158 (83,6 %) auf die kritischen Monate April und Mai, als die Preise für Grundnahrungsmittel wie Kartoffeln und Brotgetreide auf die zwei- bis dreifache Höhe von Normaljahren anstiegen. Ausgangspunkt waren Missernten 1845 und besonders 1846, aber auch die deutlich erhöhte Nachfrage nach Nahrungsmitteln aus westeuropäischen Ländern trug zu dieser extremen Verknappung bei.

Geografisch häufte sich der Hungerprotest vor allem in Nordostdeutschland. Zwei Drittel aller Unruhen entfielen auf Preußen, betroffen waren nahezu ausschließlich die mittleren und vor allem östlichen Provinzen. Andere Schwerpunktregionen des Hungerprotests lagen im Raum Franken/Obermain und in Württemberg.

Durch Massenverhaftungen und zahlreiche Verurteilungen steigerte sich die Erbitterung des Volkes. In Berlin errichteten die empörten Menschen Barrikaden. Erst durch den Einsatz von Polizei und Militär konnten die Unruhen unterdrückt werden. Die Hungerunruhen waren auch ein Ausdruck der kommenden Märzrevolution in Deutschland.

Der Sturm auf das Backhaus am Breslauer Heumarkt. Gemälde von Philipp Hoyoll (1846)

Die Epoche des „Biedermeier“

Für die Menschen des Biedermeier war die Welt noch in Ordnung. Postkutschen fuhren übers holprige Land. Üppige Wiesen und grüne Wälder grenzten bis an die Städte. Männer in Bratenrock und Zylinder lustwandelten mit Spazierstock auf baumgesäumten Promenaden. Sie grüßten Damen in bunten Kattunkleidern, die gehüllt in ihre Kaschmirschals waren.
Diese Zeitspanne von 1815 (Wiener Kongress) bis 1848 (Beginn der bürgerlichen Revolution) wird als „Biedermeier“ bezeichnet. Man verwendet diesen Begriff auch als Stilbezeichnung für die Literatur, die Kleidermode, die Wohnkultur und die Malerei. Der Name leitet sich aus einem Pseudonym ab, das zwei Dichter für sich wählten. Sie veröffentlichten als „Gottlieb Biedermaier“ ihre Gedichte, wobei sie für ihr Pseudonym die Titel zweier Gedichte von Joseph Victor von Scheffel miteinander verbanden („Biedermanns Abendgemütlichkeit“ und „Bummelmaiers Klage“).
Der Zeitgenosse des Biedermeiers war bescheiden, gemütvoll, oft auch sentimental. Wichtig war ihm ein trautes Heim, die Zufriedenheit der Familie und die Hausmusik. Vor allem die Töchter des Hauses erlernten das Klavierspiel.

Auch auf ein behagliches Wohnen wurde viel Wert gelegt. Das Wohnzimmer war in lichten Farben gehalten und mit hübschen Möbeln ausgestattet. Ein Einrichtungsgegenstand, der in keinem Haushalt fehlen durfte, war der Sekretär.
Nie zuvor wurde der Erziehung der Kinder so viel Zeit und Aufmerksamkeit gewidmet wie in den wohlhabenden bürgerlichen Familien des Biedermeier.
In der Öffentlichkeit, in Fragen der Politik, der Geschäfte, des Besitzes und in Rechtsfragen kam dem Mann noch immer eine dominierende Stellung zu. Oft war auch der Altersunterschied zwischen Mann und Frau ziemlich groß. Die Partnerwahl erfolgte nach dem Prinzip der „sozialen Ebenbürtigkeit“. Bei geringer Mitgift blieben Töchter aus bürgerlichem Haus oft unverheiratet.

In der Epoche des Biedermeier erfolgte ein Aufblühen von musikalischen Veranstaltungen in den Salons. Damit verbunden schufen Komponisten wie Beethoven, Schubert, Schumann und Mendelsohn-Bartholdy Werke, die vor allem für Klavier, Gesang und als Kammermusik bestimmt waren.

Als bedeutende Vertreter der Literatur des Biedermeier gelten Annette von Droste-Hülshoff, Adelbert von Chamisso, Eduard Mörike und Wilhelm Müller.
Bedeutende Maler dieser Epoche waren Moritz von Schwind, Carl Spitzweg, Ferdinand Georg Waldmüller und Friedrich von Amerling. Häusliche Szenen im engen Kreis von Familie und Freunden und die Natur waren die beliebtesten Motive.

Die Zeit des Vormärz

1814/15

Der Wiener Kongress unter Vorsitz Metternichs verhindert die Lösung der „Deutschen Frage". Statt eines von allen Freiheitskämpfern erhofften einigen Deutschen Reiches wird der „Deutsche Bund" geschaffen, ein loser Staatenbund, bestehend aus 35 Fürstentümern und vier freien Städten (Bremen, Hamburg, Lübeck und Frankfurt).

1816

In Preußen erscheint ein Edikt zugunsten der Grundherren. Im Gegensatz zu der Bauernbefreiung von 1807 durch den Freiherrn vom Stein stellt es die Herrschaft des Adels wieder her und besiegelt die Unfreiheit der meisten Bauern. Nur die großen, spannfähigen Bauern können ihr Land in freies Eigentum verwandeln. Die kleinen, nicht spannfähigen Bauern sinken zu Pächtern oder zu Tagelöhnern herab. „Spannfähig" bedeutet, dass Bauern ihre Höfe mit eigenem Vieh bewirtschaften und finanziell in der Lage sind, ihr bisher geliehenes Land („Lehen") als ihr Eigentum zu erwerben. Allerdings müssen die Bauern dabei ein Drittel bis zur Hälfte an den Gutsherren abtreten.

1816/17

Friedrich Ludwig Jahn ruft die große Turnbewegung in Deutschland ins Leben. Ziel ist die Ertüchtigung der Jugend und die Erziehung zur Gemeinschaft. Jahns Wirken für Deutschtum und vaterländisches Denken.

1817

Das am 18. Oktober stattfindende Wartburgfest, auf dem sich rund 500 Studenten aus zwölf deutschen Universitäten versammeln, wird von der 1815 gegründeten Deutschen Burschenschaft in Jena, zur Erinnerung an den Thesenanschlag Martin Luthers (31. Oktober 1517) und an die Völkerschlacht von Leipzig (18. Oktober 1813) einberufen. Die Nachfeier auf dem Wartenberg mit den großen Siegesfeuern und einer Bücherverbrennung reraktionärer Autoren erregt bei den deutschen Regierungen Aufsehen und ernste Befürchtungen.

1819

Am 23. März wird der Dichter und Schriftsteller August von Kotzebue in Mannheim von dem Theologie-Studenten Karl Sand ermordet. Als Motiv wird eine Schmähschrift angesehen, die Kotzbue gegen die Burschenschaften geschrieben hat. Der Dichter stand als Staatsrat mit hohem Gehalt in russischen Diensten. Die Mordtat hat schlimme Folgen für alle, die in Deutschland für Einheit und Freiheit kämpfen.

In dem von Metternich einberufenen Ministerkongress (Preußen, Hannover, Sachsen, Mecklenburg, Nassau, Bayern, Baden, Württemberg) in Karlsbad in Böhmen werden am 20. September restriktive Maßnahmen gegen die „Umtriebe" der Studenten gefasst:

① Säuberung der Universitäten von Professoren, die verderbliche oder die Grundlagen der bestehenden Staatseinrichtungen untergrabende Lehren verbreiten. Überwachung von Professoren und Studenten, Unterdrückung der Burschenschaften

② Einrichtung einer Vorzensur für Zeitungen, Zeitschriften und Druckwerke unter 20 Bogen (entspricht 320 Seiten)

③ Einsetzung einer Untersuchungskommission zur Feststellung aller demagogischen Umtriebe

ab 1819

Verfolgung der Kämpfer für Einheit und Freiheit als „Demagogen" („Volksverhetzer"). Verurteilung und Haft für „Turnvater" Friedrich Ludwig Jahn (1778–1852). Absetzung von Ernst Moritz Arndt (1769–1860) als Professor in Bonn. Verhaftung des Dichters und Schriftstellers Fritz Reuter (1810–1874) und langjährige Festungshaft.

1837

Die Göttinger Sieben (Wilhelm Grimm, Jacob Grimm, Wilhelm Eduard Albrecht, Friedrich Christoph Dahlmann, Georg Gottfried Gervinus, Wilhelm Eduard Weber und Heinrich Georg August Ewald), eine Gruppe von Professoren, protestieren gegen die Aufhebung der Verfassung im Königreich Hannover und werden entlassen. Einige werden darüber hinaus des Landes verwiesen.

1841

Der Breslauer Professor Hoffmann von Fallersleben flieht auf die Insel Helgoland, die sich damals in englischem Besitz befand. Dort verfasst er das Gedicht „Deutschland, Deutschland über alles".

Das Lied der Deutschen

August Heinrich Hoffmann von Fallersleben
(1798–1874)

Helgoland, 26. August 1841

Deutschland, Deutschland über alles,
Über alles in der Welt,
Wenn es stets zum Schutz und Trutze
Brüderlich zusammenhält,
Von der Maas bis an die Memel,
Von der Etsch bis an den Belt –
Deutschland, Deutschland über alles,
Über alles in der Welt!

Deutsche Frauen, deutsche Treue,
Deutscher Wein und deutscher Sang
Sollen in der Welt behalten
Ihren alten schönen Klang,
Uns zu edler Tat begeistern
Unser ganzes Leben lang –
Deutsche Frauen, deutsche Treue,
Deutscher Wein und deutscher Sang!

Einigkeit und Recht und Freiheit
Für das deutsche Vaterland!
Danach lasst uns alle streben
Brüderlich mit Herz und Hand!
Einigkeit und Recht und Freiheit
Sind des Glückes Unterpfand –
Blüh im Glanze dieses Glückes,
Blühe, deutsches Vaterland!

Wie ist doch die Zeitung interessant

August Heinrich Hoffmann von Fallersleben
(1798–1874)

28. Mai 1841

Wie ist doch die Zei-
tung interessant
Für unser liebes Vater-
land!
Was haben wir heute
nicht alles vernommen!
Die Fürstin ist gestern
niedergekommen,
Und morgen wir der Herzog kommen,
Hier ist der König heimgekommen,
Dort ist der Kaiser durchgekommen,
Bald werden sie alle zusammenkommen
Wie interessant! wie interessant!
Gott segne das liebe Vaterland!

Wie ist die Zeitung doch interessant
Für unser liebes Vaterland!
Was ist uns nicht alles berichtet worden!
Ein Portepeefähnrich ist Leutnant geworden,
Ein Oberhofprediger erhielt einen Orden,
Die Lakaien erhielten silberne Borden,
Die höchsten Herrschaften gehen nach Norden,
Und zeitig ist es Frühling geworden
Wie interessant! wie interessant!
Gott segne das liebe Vaterland!

Arbeitsaufgaben:

❶ Die dritte Strophe des „Liedes der Deutschen“ ist seit 1952 Nationalhymne der Bundesrepublik, seit 1990 gilt sie für Gesamtdeutschland. Warum hat man sich auf die dritte Strophe beschränkt? Stimmt der Vorwurf, der Text des ganzen Liedes sei aggressiv und nationalistisch?

❷ Beurteile das Gedicht „Wie ist doch die Zeitung interessant“.

❸ Der Dichter Heinrich Heine (1797–1856) zeigte auf seine Art und Weise, was er von der Zensur hielt. Er ließ das zwölfte Kapitel seines Buches „Ideen. Das Buch Le Grande“, das er 1827 in Hamburg veröffentlichte, wie in der Abbildung rechts abdrucken. Was meinst du dazu? Könnte das für Heine Folgen gehabt haben?

Capitel XII.

Die deutschen Censoren — — — —
— — — — — — — — — —
— — — — — — — — — —
— — — — — — — — — —
— — — — — — — — — —
— — — — — — — — — —
— — — — — Dummköpfe — —
— — — — — — — — — —
— — — — — — — — — —
— — — — — — — — — —
— — — — —

Georg Büchner

Er wurde am 17. Oktober 1813 in Goddelau bei Darmstadt geboren. Er studierte Medizin, Naturwissenschaften, Geschichte und Philosophie. In Gießen schloss er sich der radikalen Freiheitsbewegung an und gründete 1834 die „Gesellschaft für Menschenrechte", um die reaktionären Verhältnisse in Hessen zu ändern. 1835 musste er wegen seiner politischen Flugschrift „Der Hessische Landbote" fliehen. Georg Büchner starb am 19. Februar1837 in Zürich.

Friede den Hütten! Krieg den Palästen!

Im Jahr 1834 sieht es aus, als würde die Bibel Lügen gestraft. Es sieht aus, als hätte Gott die Bauern und Handwerker am fünften Tage, und die Fürsten und Vornehmen am sechsten gemacht, und als hätte der Herr zu diesen gesagt: Herrschet über alles Getier, das auf Erden kriecht, und hätte die Bauern und Bürger zum Gewürm gezählt. Das Leben der Vornehmen ist ein langer Sonntag, sie wohnen in schönen Häusern, sie tragen zierliche Kleider, sie haben feiste Gesichter und reden eine eigne Sprache; das Volk aber liegt vor ihnen wie Dünger auf dem Acker. Der Bauer geht hinter dem Pflug und treibt ihn mit den Ochsen am Pflug, er nimmt das Korn und lässt ihm die Stoppeln. Das Leben des Bauern ist ein langer Werktag; Fremde verzehren seine Äcker vor seinen Augen, sein Leib ist eine Schwiele, sein Schweiß ist das Salz auf dem Tische des Vornehmen. [...]

Dies Geld ist der Blutzehnte, der von dem Leib des Volkes genommen wird. An 700000 Menschen schwitzen, stöhnen und hungern dafür. Im Namen des Staates wird es erpresst, die Presser berufen sich auf die Regierung und die Regierung sagt, das sei nötig, die Ordnung im Staat zu erhalten. Was ist denn nun das für gewaltiges Ding: der Staat? Wohnt eine Anzahl Menschen in einem Land und es sind Verordnungen oder Gesetze vorhanden, nach denen jeder sich richten muss, so sagt man, sie bilden einen Staat. Der Staat also sind alle; die Ordner im Staat sind die Gesetze, durch welche das Wohl aller gesichert wird, und die aus dem Wohl aller hervorgehen sollen. – Seht nun, was man in dem Großherzogtum aus dem Staat gemacht hat; seht, was es heißt: die Ordnung im Staate erhalten! 700000 Menschen bezahlen dafür 6 Millionen Gulden, d. h. sie werden zu Ackergäulen und Pflugstieren gemacht, damit sie in Ordnung leben. In Ordnung leben heißt hungern und geschunden werden.

Wer sind denn die, welche diese Ordnung gemacht haben, und die wachen, diese Ordnung zu erhalten? Das ist die Großherzogliche Regierung. Die Regierung wird gebildet von dem Großherzog und seinen obersten Beamten. Die anderen Beamten sind Männer, die von der Regierung berufen werden, um jene Ordnung in Kraft zu erhalten. Ihre Anzahl ist Legion: Staatsräte und Regierungsräte, Landräte und Kreisräte, Geistliche Räte und Schulräte, Finanzräte und Forsträte usw. mit allem ihrem Heer von Sekretären usw. Das Volk ist ihre Herde, sie sind seine Hirten, Melker und Schinder; sie haben die Häute der Bauern an, der Raub der Armen ist in ihrem Hause; die Tränen der Witwen und Waisen sind das Schmalz auf ihren Gesichtern; sie herrschen frei und ermahnen das Volk zur Knechtschaft. Ihnen gebt ihr 6000000 Gulden. Abgaben; sie haben dafür die Mühe, euch zu regieren; d. h. sich von euch füttern zu lassen und euch eure Menschen- und Bürgerrechte zu rauben. Sehet was die Ernte eures Schweißes ist. [...]

Die Justiz ist in Deutschland seit Jahrhunderten die Hure der deutschen Fürsten. Jeden Schritt zu ihr müsst ihr mit Silber pflastern, und mit Armut und Erniedrigung erkauft ihr ihre Sprüche. Denkt an das Stempelpapier, denkt an euer Bücken in den Amtsstuben, und euer Wachestehen vor denselben. Denkt an eure Sporteln für Schreiber und Gerichtsdiener. Ihr dürft euren Nachbarn verklagen, der euch eine Kartoffel stiehlt; aber klagt einmal über den Diebstahl, der von Staatswegen unter dem Namen von Abgabe und Steuern jeden Tag an eurem Eigentum begangen wird, damit eine Legion unnützer Beamten sich von eurem Schweiße mästen: klagt einmal, dass ihr der Willkür einiger Fettwänste überlassen seid und dass diese Willkür Gesetz heißt, klagt, dass ihr die Ackergäule des Staates seid, klagt über eure verlornen Menschenrechte: Wo sind Gerichtshöfe, die eure Klage annehmen, wo die Richter, die rechtsprächen?

GE	Name:	Datum:	

Die Zeit des Vormärz – um Einheit und Freiheit (1)

❶ Erkläre den Begriff „Vormärz“.

❷ Was zeigt das Bild rechts?

❸ Als Folge dieses Ereignisses geschah der erste politische Mord in der deutschen Geschichte. Wer wurde ermordet? Von wem? Folgen?

❹ Was zeigt das Bild? Welche Forderungen wurden dort laut?

❺ Wie reagierten die monarchischen Kräfte auf diese Massenversammlung?

GE Lösung

Die Zeit des Vormärz – um Einheit und Freiheit (1)

❶ Erkläre den Begriff „Vormärz“.

Der Begriff bezeichnet den Zeitabschnitt zwischen dem Ende des Wiener Kongresses 1815 und der Märzrevolution von 1848/49 unter dem Gesichtspunkt der oppositionellen und revolutionären Strömungen dieser Zeit in Deutschland.

❷ Was zeigt das Bild rechts?

Am 18. Oktober 1817 treffen sich 500 Studenten aus fast allen Hochschulen auf der Wartburg. In patriotischen Reden fordern sie Einheit, Freiheit und eine Verfassung. Sie verbrennen Symbole der verhassten Fürstenherrschaft wie Zöpfe, Uniformen und Bücher.

❸ Als Folge dieses Ereignisses geschah der erste politische Mord in der deutschen Geschichte. Wer wurde ermordet? Von wem? Folgen?

Der reaktionäre, in russischen Diensten stehende Staatsrat August von Kotzebue wurde am 23. März 1819 von dem Theologiestudenten Karl Ludwig Sand erstochen. Die deutschen Fürsten erließen am 20. September 1819 die Karlsbader Beschlüsse, die die Burschenschaften verboten und die Presse scharf zensierte.

❹ Was zeigt das Bild? Welche Forderungen wurden dort laut?

Am 27. Mai 1832 trafen sich rund 30000 Menschen aus Deutschland, Frankreich und Polen auf dem Hambacher Schloss und forderten, geprägt von den Ideen der Französischen Revolution, demokratische Rechte. Neben der Versammlungs-, Meinungs- und Pressefreiheit wurde der Ruf nach freiem Handel, der Gleichberechtigung der Frau und einem geeinten Deutschland laut.

❺ Wie reagierten die monarchischen Kräfte auf diese Massenversammlung?

Die Kräfte der Restauration verschärften die Pressezensur und verhängten zum Teil drastische Gefängnisstrafen gegen Anhänger des „Jungen Deutschland“. Ein ausgeprägtes Spitzelsystem machte das Leben unerträglich.

Hubert Albus: Von Napoleon Bonaparte bis zum Scheitern der Revolution 1848
Best.-Nr. 060 © Brigg Verlag KG, Friedberg

GE	Name: ______________________	Datum: ____________	

Die Zeit des Vormärz – um Einheit und Freiheit (2)

„Heilige Allianz“

____

____

____

„Junges Deutschland“

____

____

1814/15

Maßnahmen

R ______________________
(Wiederherstellung der alten Macht)

L ______________________
(Herrscher von Gottes Gnaden)

S ______________________
(Bündnisse zur Machtsicherung)

Forderungen und Ziele

____
(eine deutsche Nation)

____
(bürgerliche Freiheiten)

____
(keine Zensur)

Reaktionen

- ______________________ (1819)
- ______________________ der Presse
- Verbot der ______________________
- ______________________ von Professoren und liberalen Beamten
- Aufbau eines ______________systems

Aktionen

- ______________________ (ab 1815)
- ______________________ (1817)
- ______________________ (1832)
- Hoffmann von Fallersleben (1841): ______________________
- Protest der Göttinger „______________“

Ergebnis und Folgen

Monarchen und Adel bestehen auf ihren angestammten ______________.

Ergebnis und Folgen

verstärkte Freiheitsbestrebungen, aber auch Rückzug in die __________sphäre.

1848

GE Lösung

Die Zeit des Vormärz – um Einheit und Freiheit (2)

„Heilige Allianz“

Russland (Alexander I.)
Österreich (Franz II.)
Preußen (Fr. Wilhelm III.)

„Junges Deutschland“

Liberale, Patrioten
(Studenten, Professoren, Dichter)

1814/15

Maßnahmen

R *estauration*
(Wiederherstellung der alten Macht)

L *egitimität*
(Herrscher von Gottes Gnaden)

S *olidarität*
(Bündnisse zur Machtsicherung)

Forderungen und Ziele

nationale Einheit
(eine deutsche Nation)

Grundrechte
(bürgerliche Freiheiten)

Pressefreiheit
(keine Zensur)

Reaktionen

- *Karlsbader Beschlüsse* (1819)
- *Zensur* der Presse
- Verbot der *Burschenschaften*
- *Verhaftungen/Entlassungen* von Professoren und liberalen Beamten
- Aufbau eines *Spitzel*systems

Aktionen

- *Studentenbewegung* (ab 1815)
- *Wartburgfest* (1817)
- *Hambacher Fest* (1832)
- Hoffmann von Fallersleben (1841): *Lied der Deutschen*
- Protest der Göttinger „*Sieben*“

Ergebnis und Folgen

Monarchen und Adel bestehen auf ihren angestammten *Privilegien*.

Ergebnis und Folgen

verstärkte Freiheitsbestrebungen, aber auch Rückzug in die *Privat*sphäre.

1848

Hubert Albus: Von Napoleon Bonaparte bis zum Scheitern der Revolution 1848
Best.-Nr. 060 © Brigg Verlag KG, Friedberg

Der Deutsche Zollverein – der Weg zur wirtschaftlichen Einigung Deutschlands

Lerninhalte:

- Wissen um die Entstehungsgeschichte des Deutschen Zollvereins
- Würdigung der Leistungen Friedrich Lists
- Fähigkeit, die schrittweisen Anschlüsse zum Deutschen Zollverein auf der Karte zu erkennen
- Erkennen der Problematik von 38 Zolllinien und 1800 Zollschranken
- Wissen um die Bedeutung des Deutschen Zollvereins für die politische Einigung Deutschlands
- Fähigkeit, eine Karikatur zu interpretieren

Arbeitsmittel/Medien:

- Arbeitsblatt
- Infoblatt 1: Friedrich List – ein Visionär
- Infoblatt 2: Deutschland ohne Zollschranken
- Gruppenarbeitsblatt: Salztransporte von Regensburg nach Hamburg
- Folie 1: Das Lichten eines Hochwaldes (Karikatur über den Abbau der Zollschranken)
- Folie 2: Der Deutsche Zollverein seit 1834 (Karte)
- Folie 3: Die erste deutsche Eisenbahn von Nürnberg nach Fürth 1835 („Adler“)
- Folie 4: Lösungsblatt zum Arbeitsblatt

Folie 2

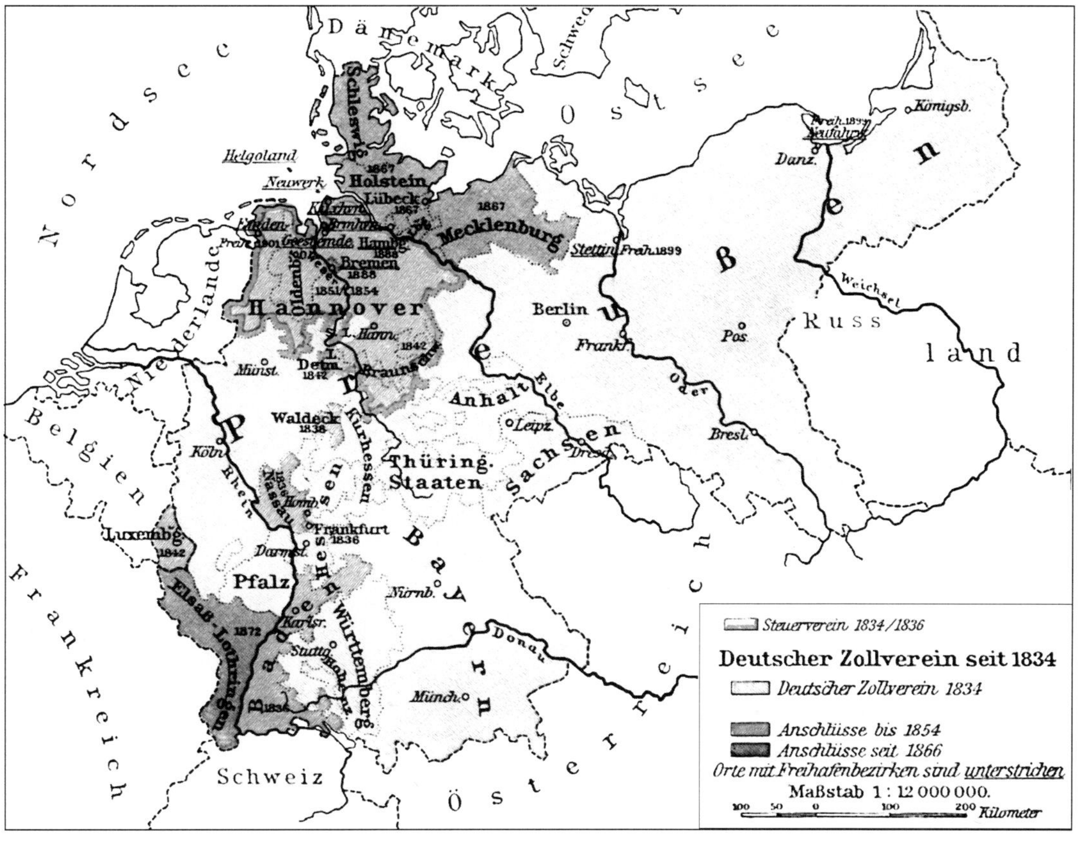

Verlaufsskizze (2 UE)

I. Motivation

Stummer Impuls Aussprache	Folie 1 (S. 91)	Das Lichten eines Hochwaldes (Karikatur 1848)
		L: Die Karikatur ist überschrieben mit „Das Lichten eines Hochwaldes“.
Aussprache		In Deutschland standen Zollschranken vieler Kleinstaaten der Schaffung eines einheitlichen Wirtschaftsraumes entgegen. Ihre Beseitigung war erklärtes Ziel der deutschen Nationalbewegung.
Zielangabe	Tafel	**Der Deutsche Zollverein – der Weg zur wirtschaftlichen Einigung Deutschlands**

II. Begegnung/Erarbeitung

Stummer Impuls Aussprache	Folie (S. 67)	Karte Mitteleuropas (Deutscher Bund 1815)
Ergebnis		Mehr als 300 Kleinstaaten gibt es allein in Deutschland.
Impuls		L: Wo liegt das Problem?
Aussprache		Kein vernünftiger Handel möglich → Zollschranken → Kosten
Arbeitsaufträge zur Gruppenarbeit		① Wie verlief der Weg bis zur Gründung des Deutschen Zollvereins? ② Was ermöglichte der Deutsche Zollverein? ③ Welche Rolle spielte ein Mann namens Friedrich List? Erstelle ein kurzes Lebensbild von ihm.
	Infoblatt 1 (S. 92)	Friedrich List – ein Visionär
	Infoblatt 2 (S. 93)	Deutschland ohne Zollschranken
Zusammenfassung Gruppenberichte		
	Folie 2 (S. 89)	Der Deutsche Zollverein seit 1834
Aussprache		
	Folie 3 (S. 91)	Die erste Eisenbahn in Deutschland: Nürnberg–Fürth 1835
Aussprache		

III. Wertung

Stummer Impuls	Gruppenarbeitsblatt (S. 94)	Salztransporte von Regensburg nach Hamburg – lang und beschwerlich, teuer und gefährlich
Aussprache Ergebnisse	Tafel	zu ① Fahrt dauert mehrere Tage (Kutsche 60 km/Tag), keine gut ausgebauten Straßen, Zoll kostet viel Geld, Gefahr von Überfällen zu ② 11 Grenzlinien zu ③ 7 Grenzlinien zu ④ 20 · 25 = 500 kg · 0,5 = 250 Taler 11 · 2 = 22 Taler → 272 + 20 = 292 Taler · 50 = 14600 € zu ⑥ ca. 600 km → 600 : 60 = 10 Tage zu ⑦ Seeweg zu ⑧ insgesamt fünf Länder
Erkenntnis		Die Zollschranken müssen verschwinden, um innerhalb Deutschlands einen florierenden Handel betreiben zu können.

IV. Sicherung

Zusammenfassung Aussprache	Arbeitsblatt (S. 95)	Friedrich List und der Deutsche Zollverein
Lösung Kontrolle	Folie 4 (S. 96)	

V. Ausweitung

Hausaufgabe	Internet/Lexika	Informiere dich über die Bedeutung Friedrich Lists in Bezug auf die Entwicklung der Eisenbahn in Deutschland.

Folie 1

Das Lichten eines Hochwaldes (Karikatur 1848)

Folie 3

Die erste Eisenbahn in Deutschland: Nürnberg–Fürth 1835

Friedrich List – ein Visionär

Daniel Friedrich List wurde am 6. August 1789 als achtes Kind des Weißgerbers Johannes List und seiner Frau Maria Barbara in Reutlingen geboren. Im Alter von 9 Jahren wurde er auf die Lateinschule geschickt, die er 1804 abschloss, und eine Gerberlehre im elterlichen Betrieb begann. Ein Jahr später absolvierte List eine Lehre beim Stadtschreiber Luz in Blaubeuren, die er 1808 mit einer Prüfung beendete. Ab dem November 1810 war List in der Stadtschreiberei in Ulm tätig. Nach Ablegung des Aktuarexamens 1814 (Aktuare sind wissenschaftlich ausgebildete und speziell geprüfte Experten, die mit mathematischen Methoden der Wahrscheinlichkeitstheorie und der Finanzmathematik Fragestellungen aus den Bereichen Versicherungs- und Bausparwesen, Kapitalanlage und Altersversorgung analysieren und unter Berücksichtigung des rechtlichen und wirtschaftlichen Umfeldes Lösungen entwickeln.) unterbreitete List König Wilhelm I. den Antrag, an der Universität Tübingen eine neue, staatswissenschaftliche Fakultät einzurichten. List arbeitete an seiner Promotion, um Professor werden zu können. Sein Ziel erreichte er noch 1817, als er eine Professur für Staatsverwaltungspraxis in Tübingen erhielt. Am 19. Februar 1818 heiratete List Karoline Seybold, die einen Sohn aus erster Ehe hatte. 1820 wurde List in Reutlingen als Professor in den württembergischen Landtag gewählt. Als er Beschwerden seiner Wähler gegen ungerechte Behandlung durch königliche Beamte vortrug, wurde er wegen Majestätsbeleidigung angeklagt. List beteuerte seine Unschuld, nicht nur in den amtlichen Verhören, sondern auch vor der Öffentlichkeit. Dennoch wurde List am 6. April 1822 zu einer zehnmonatigen Festungshaft verurteilt, der er sich aber durch Flucht nach Frankreich entzog. Zwei Jahre später kehrte er freiwillig nach Stuttgart zurück, wo ihm seine Festungshaft gegen das Versprechen, nach Amerika auszuwandern, erlassen wurde. Am 26. April 1825 verließ List mit seiner Familie Deutschland. In Amerika machte er schnell Karriere im diplomatischen Dienst. Von 1834 bis 1837 als amerikanischer Konsul in Dresden, von 1843 bis 1845 in Stuttgart, unterstützte List entscheidend den Ausbau des Eisenbahnwesens in Deutschland und propagierte unablässig die deutsche Zolleinigung. 1841 erschien sein wissenschaftliches Hauptwerk „Das nationale System der politischen Ökonomie“. List wurde jedoch immer zurückgewiesen, was zum einen an den beständigen Gerüchten lag, er sei ein obrigkeitsfeindlicher Radikaler. Nicht immer günstig war seine mitunter derbe Offenheit und seine Neigung, schnell gegebene Absichtserklärungen als verbindliche Zusagen zu sehen.

Friedrich List
Gemälde von Caroline List-Hövemeyer (1889)

Auch war er nach seiner Rückkehr aus Amerika ein Außenseiter ohne Gruppenzugehörigkeit, was ihm bei der Vergabe von Geld und bei der Suche nach Stellen Schwierigkeiten machte, denn List hatte finanzielle Probleme. Er erhoffte sich von seiner Autorentätigkeit eine Verbesserung seiner persönlichen Position. Immerhin hatte die württembergische Regierung seine „bürgerliche Ehre“ 1841 wiederhergestellt. Hoffnungen auf eine gehobene staatliche Stellung in einem der süddeutschen Staaten erfüllten sich freilich nicht. Erfolg hatte List nur im Ausland.

1845 erfuhr er in den USA, Belgien, Frankreich und Ungarn noch einmal ungeteilte Zustimmung und Bewunderung.

Verkannt, verbannt, verzweifelt – in der Nähe von Kufstein fand man Friedrich List am 30. November 1846 halb sitzend und von Schnee bedeckt. Er hatte seinem Leben mit einem Schuss in den Kopf ein Ende gesetzt.

Sein Leichnam wurde auf der Kufsteiner Friedhof beerdigt.

Deutschland ohne Zollschranken

Am 1. Januar 1834 entstand erstmals ein umfassender, einheitlicher, deutscher Wirtschaftsraum. 18 Staaten des Deutschen Bundes hoben untereinander die Zollschranken auf, verabredeten die Zölle an den Außengrenzen und teilten die Einnahmen nach einem vereinbarten Schlüssel auf.

Der preußische Finanzminister Friedrich Christian Adolf von Motz war am Ziel seiner politischen Wünsche. Der **Deutsche Zollverein** löste den Zollvertrag zwischen Preußen und Hessen-Darmstadt den Mitteldeutschen Handelsverein und die Süddeutsche Zollvereinigung ab. Unter der Führung Preußens gründeten Hessen-Darmstadt, Kurhessen, Bayern, Württemberg, Sachsen und die thüringischen Einzelstaaten den Zollverein. 1836 traten Baden, Nassau, Frankfurt am Main bei, 1842 Luxemburg, Braunschweig, Lippe, Hannover und Oldenburg.

Der Zollverein ermöglichte einen Wegfall der Binnenzölle, zollfreien Warenverkehr zwischen den Staaten, gemeinsame Schmuggelabwehr, gleiches Zollrecht nach preußischem Vorbild und nicht zuletzt die schrittweise Schaffung eines einheitlichen Münz-, Maß- und Gewichtssystems.

Der geistige Vater des Deutschen Zollvereins war **Friedrich List**. Der Nationalökonom stellte schon frühzeitig fest, dass die vielen Zollschranken – zeitweise gab es auf dem Gebiet des Deutschen Bundes etwa 1800 verschiedene Zollstellen – die Entwicklung der deutschen Wirtschaft behinderten. List erkannte auch die große Bedeutung der Eisenbahn und entwarf genaue Pläne, wie die einzelnen Eisenbahnlinien nicht nur innerhalb Deutschlands, sondern in ganz Europa verlaufen sollten.

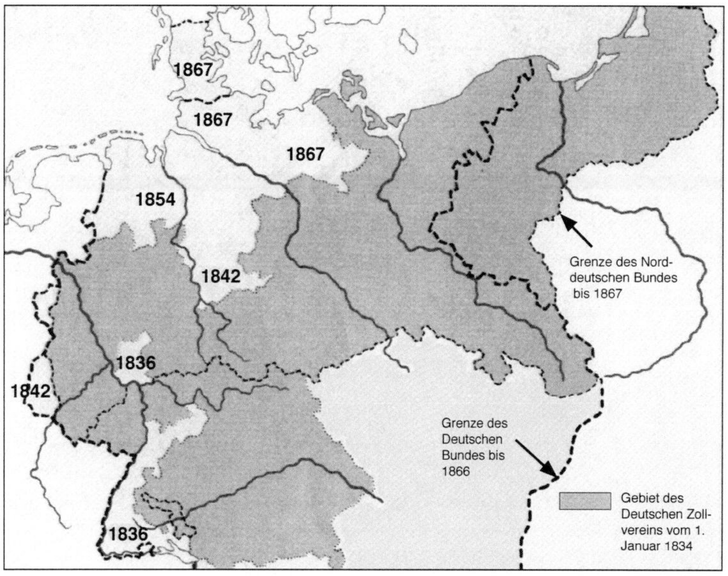

Salztransporte von Regensburg nach Hamburg – lang und beschwerlich, teuer und gefährlich

❶ Was meint ihr zur Überschrift? Wieso lang, beschwerlich, teuer und gefährlich? Wir befinden uns im Jahr 1815. Überlegt in eurer Gruppe. Schreibt eure Ergebnisse auf.

____

____

____

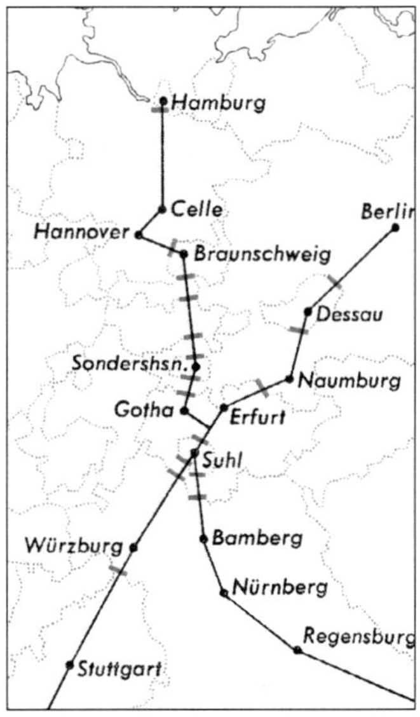

❷ Wie viele Grenzlinien müsst ihr überqueren, wenn du von Regensburg nach Hamburg willst?

____

❸ Wie viele Grenzlinien sind es von Berlin nach Stuttgart?

____

❹ Heute kostet ein Kilogramm Speisesalz weniger als 1 €. Damals war Salz erheblich wertvoller und kostete umgerecht rund einen halben Taler pro Kilogramm, was einem heutigen Wert von rund 50 € entsprechen würde. Löst nun folgende Aufgabe. Ihr müsst dabei gut rechnen.

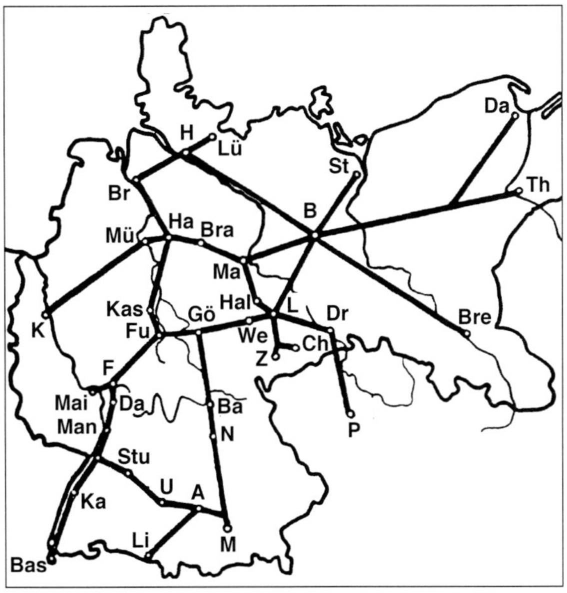

Ein Kaufmann aus Hamburg bestellt bei einem Händler in Regensburg im Jahre 1820 zwanzig Säcke Salz zu je 25 Kilogramm. Er soll diese nach Hamburg bringen. Für jede Grenzüberschreitung muss der Händler zwei Taler bezahlen. Was musst der Salzhändler verlangen, wenn er selber auch noch 20 Taler verdienen will? Rechnet die Endsumme in € um. Vergleicht eure Ergebnisse.

❺ Wenn das von Friedrich List entworfene Eisenbahnnetz schon bestanden hätte, wie wäre dann der Händler nach Hamburg kommen?

❻ Wie lange seid ihr mit einer Kutsche von Regensburg nach Hamburg unterwegs?

❼ Der Hamburger Kaufmann will im selben Jahr in Sizilien Zitronen kaufen. Welche Route würdet ihr ihm raten? Begründet.

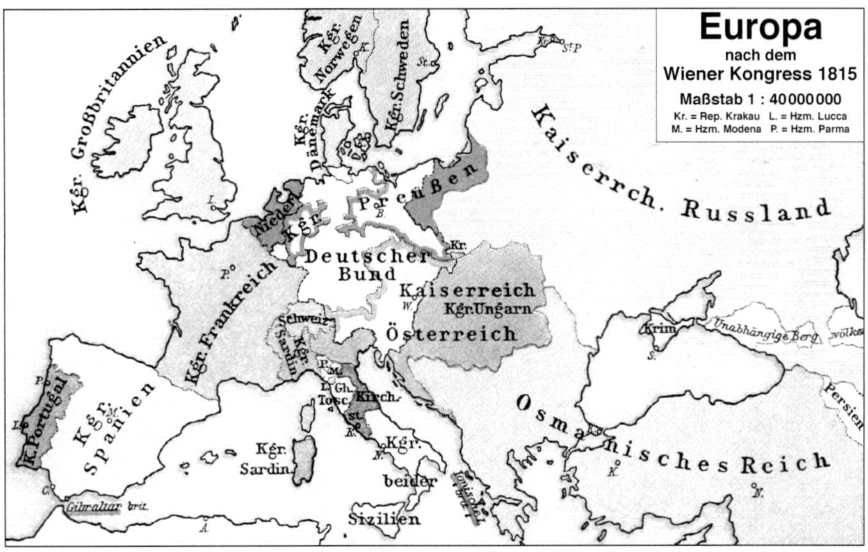

❽ Durch wie viele Länder müsste ein Händler aus Wien reisen, wenn er ebenfalls nach Sizilien wollte? Da er seekrank ist, will er mit der Kutsche fahren. Allerdings will er seine Route nicht durch das Osmanische Reich verlaufen lassen.

GE	Name:	Datum:

Friedrich List und der Deutsche Zollverein

Die wirtschaftliche Einigung Deutschlands

❶ Was verstehst du unter dem Begriff „Zoll"?

___

___

❷ 1820 gab es im Deutschen Bund 38 Zolllinien mit ca. 1800 Zollschranken. Was bedeutete das für die Wirtschaft?

- ☐ Die Bürger verdienten am Zoll sehr viel Geld.
- ☐ Wirtschaft und Handel wurden extrem behindert.
- ☐ Der Verkehr kam fast zum Erliegen.
- ☐ Wirtschaft und Handel blühten auf.

❸ Wie heißt der Mann im Bild rechts oben? Was war seine Vision?

___

___

___

❹ Welche Erschwernisse gab es für die Wirtschaft im Deutschen Bund? Nimm die Karte rechts zuhilfe.

___

___

___

___

___

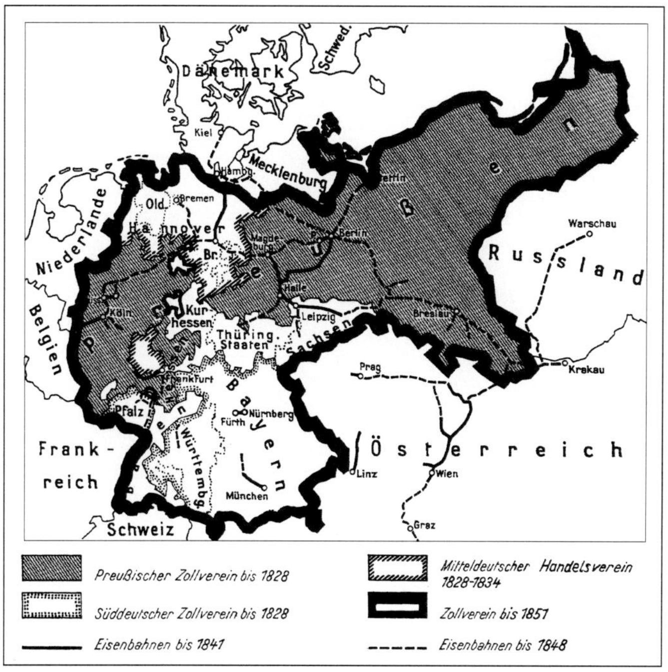

❺ Was war der Deutsche Zollverein? Wann wurde er gegründet?

___

___

___

___

___

❻ Friedrich List forderte außerdem den Aufbau leistungsfähiger T__________ und -__________ und die Vereinheitlichung von Z__________, M__________ und G__________.

❼ Was besagt die Karikatur links?

___

___

___

GE	Name:	Datum:

Friedrich List und der Deutsche Zollverein
Die wirtschaftliche Einigung Deutschlands

❶ Was verstehst du unter dem Begriff „Zoll"?

Das Wort „Zoll" bedeutet, dass an Staatsgrenzen Gebühren für Waren erhoben werden.

❷ 1820 gab es im Deutschen Bund 38 Zolllinien mit ca. 1800 Zollschranken. Was bedeutete das für die Wirtschaft?

- ☐ Die Bürger verdienten am Zoll sehr viel Geld.
- ☒ Wirtschaft und Handel wurden extrem behindert.
- ☒ Der Verkehr kam fast zum Erliegen.
- ☐ Wirtschaft und Handel blühten auf.

❸ Wie heißt der Mann im Bild rechts oben? Was war seine Vision?

Friedrich List (1789–1846) gilt als Vordenker und Begründer des Deutschen Zollvereins. Sein Vision war ein wirtschaftlich geeintes Deutschland ohne Zollschranken mit einem gut ausgebauten Eisenbahnnetz.

❹ Welche Erschwernisse gab es für die Wirtschaft im Deutschen Bund? Nimm die Karte rechts zuhilfe.

Viele kleinen Staaten waren unabhängig, hatten ihr eigenes Münzrecht und konnten Einfuhr- und Ausfuhrzoll, Torsperrgeld, Brückengeld, Pflastergeld und Wegegeld verlangen.

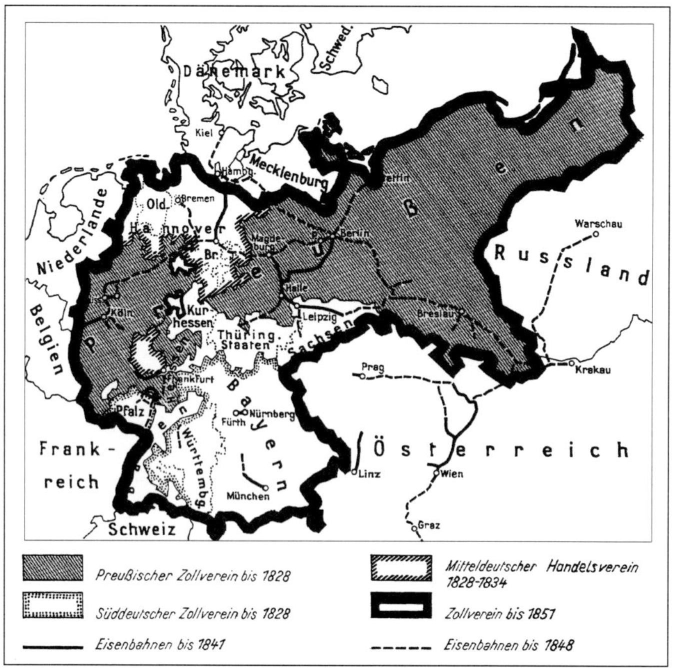

❺ Was war der Deutsche Zollverein? Wann wurde er gegründet?

Der Deutsche Zollverein war ein Zusammenschluss deutscher Bundesstaaten durch den Zollvereinigungsvertrag vom 22. März 1833, der am 1. Januar 1834 in Kraft trat.

❻ Friedrich List forderte außerdem den Aufbau leistungsfähiger T*ransportmittel* und -*wege* und die Vereinheitlichung von Z*ahlungsmitteln*, M*aßen* und G*ewichten*.

❼ Was besagt die Karikatur links?

Sie heißt „Das Lichten eines Hochwaldes" und deutet die mühevolle Arbeit an, die ungeheuere Menge an Zollschranken zu beseitigen.

Hubert Albus: Von Napoleon Bonaparte bis zum Scheitern der Revolution 1848
Best.-Nr. 060 © Brigg Verlag KG, Friedberg

Sturm über Europa – Revolutionen im Frühjahr 1848

Lerninhalte:

- Wissen um die Ursachen der Märzrevolution 1848 in Deutschland
- Wissen um die Forderungen, die die Aufständischen stellen
- Überblick über den Verlauf des Aufstandes in Berlin vom 18. März 1848 erhalten
- Wissen um den Ausgang der Aufstände in Deutschland
- Fähigkeit, Informationen aus Internet und Filmen zu entnehmen und zusammenzufassen

Arbeitsmittel/Medien:

- Arbeitsblatt 1: Sturm über Europa – Revolutionen im Frühjahr 1848
- Arbeitsblatt 2: Die Märzrevolution 1848 in Deutschland
- Infoblatt 1: Das Revolutionsjahr 1848
- Infoblatt 2: 18. März 1848: Märzrevolution in Berlin
- Bilder 1/2/3 für die Tafel: Revolution 1848 in Paris/Wien/Berlin
- Folie 1: Auch ein Totentanz aus dem Jahr 1848 (Holzschnitte von A. Rethel)
- Folien 2/3: Lösungsblätter zu den Arbeitsblättern 1/2
- DVD 4656456: Das Revolutionsjahr 1848 (2009; 16 Minuten; farbig)
- DVD 4659498: Robert Blum und die Revolution (2009; 72 Minuten; farbig)
- Video 4200892: Barrikaden für die Republik (1987; 15 Minuten; farbig)

Sturm über Europa – Revolutionen im Frühjahr 1848

Februar 1848 in Paris

März 1848 in Wien

März 1848 in Berlin

Ursachen

Unzufriedenheit mit den Ergebnissen des Wiener Kongresses von 1815; Deutschland ist kein Nationalstaat (Deutscher Bund); Einschränkung der Grundrechte; Konjunkturkrise (durch Mechanisierung); Massenarmut (Pauperismus) in den Unterschichten (Bauern, Arbeiter); Hungersnöte

Forderungen

Abschaffung des Deutschen Bundes → Nationalstaat mit Parlament und freiheitlicher Verfassung; Rechtsgleichheit; allgemeines Wahlrecht; Pressefreiheit; Versammlungsfreiheit; Recht auf Arbeit; gerechte Entlohnung; ausreichende Grundversorgung; Volksbewaffnung; Schwurgerichte

Verlaufsskizze (2–3 UE)

I. Motivation

Stummer Impuls Aussprache Zielangabe	Tafel Bilder 1/2/3 (S. 99/100/101)	Revolution 1848 in Paris/Wien/Berlin **Sturm über Europa – Revolutionen im Frühjahr 1848**

II. Begegnung/Erarbeitung

Erlesen Aussprache mit Lehrerinformation	Infoblatt 1 (S. 102)	Das Revolutionsjahr 1848
Erlesen Aussprache	Infoblatt 2 (S. 105)	18. März 1848: Märzrevolution in Berlin
Zusammenfassung	Tafel	**Ursachen:** Unzufriedenheit mit den Ergebnissen des Wiener Kongresses von 1815; Deutschland ist kein Nationalstaat (Deutscher Bund); Einschränkung der Grundrechte; Konjunkturkrise (durch Mechanisierung); Massenarmut (Pauperismus) in den Unterschichten (Bauern, Arbeiter); Hungersnöte **Forderungen:** Abschaffung des Deutschen Bundes → Nationalstaat mit Parlament und freiheitlicher Verfassung; Rechtsgleichheit; allgemeines Wahlrecht; Pressefreiheit; Versammlungsfreiheit; Recht auf Arbeit; gerechte Entlohnung; ausreichende Grundversorgung; Volksbewaffnung; Schwurgerichte
Zusammenfassung	Video	Barrikaden für die Republik (15 Minuten)

III. Wertung

Stummer Impuls Aussprache	Folie 1 (S. 106)	Holzschnitte von Alfred Rethel: Totentanz 1848
Stummer Impuls Lehrerinformation		Pauperismus Er ist eine Ursache für die europaweiten Revolutionen 1848. Mit dem Begriff „Pauperismus" bezeichnet man die katastrophale Massenarmut zur Zeit der Frühindustrialisierung, insbesondere in Deutschland in der Zeit von 1840 bis 1850.
Impuls		L: Was könnten neben der Industrialisierung die wichtigsten Faktoren sein, die den Pauperismus auslösten?
Aussprache Zusammenfassung mit Lehrerinformation		Bevölkerungswachstum; Privatisierung von gemeinschaftlich genutzten Wäldern und Wiesen; Besitzlosigkeit der Bauern, die von ihren Grundherren befreit worden waren; schwere Missernten mit darauf folgenden Lebensmittelpreiserhöhungen; schwere Hungersnöte; Krise des Handwerks

IV. Sicherung

Zusammenfassung	Arbeitsblatt 1 (S. 103)	Sturm über Europa – Revolutionen im Frühjahr 1848
Kontrolle Aussprache	Folie 2 (S. 104)	
	Arbeitsblatt 2 (S. 107)	Die Märzrevolution 1848 in Deutschland
Kontrolle Aussprache	Folie 3 (S. 108)	

V. Ausweitung

Zusammenfassung Aussprache	DVD	Das Revolutionsjahr 1848 (16 Minuten)
Exkurs Aussprache	DVD	Robert Blum und die Revolution (72 Minuten)

Straßenkampf in Paris im Februar 1848

Die Zerstörung der Zolllinien in Wien im März 1848

Barrikadenkampf in Berlin im März 1848

Das Revolutionsjahr 1848

Februarrevolution 1848 in Paris
Arbeiteraufstände in Paris. König Louis Philipp wird vom Volke vertrieben. Sein Thron wird öffentlich verbrannt. Frankreich wird wieder Republik.
In wenigen Wochen greift die Bewegung nach Europa, insbesondere nach Deutschland über. Überall fordert man die Mitregierung des Volkes und die Wahl einer verfassungsgebenden Nationalversammlung.

Märzrevolution 1848 in Wien
Blutige Straßenkämpfe in Wien. Metternich, der verhasste Gegner aller Einheits- und Freiheitsbestrebungen, wird zum Rücktritt gezwungen.

Märzrevolution 1848 in Berlin
Schwere Bartikadenkämpfe am 18. März in Berlin. Umritt des preußischen Königs Friedrich Wilhelms IV., der Zugeständnisse macht: „Ich werde mich an die Spitze der deutschen Einheitsbewegung stellen. Fortan geht Preußen in Deutschland auf.“ Beisetzung der 183 Gefallenen in der Märzrevolution.

Mai 1848
Volkserhebung am 17. und 18. September in Frankfurt. Preußische Truppen schlagen den Aufstand nieder.

Oktober 1848
Einnahme Wiens durch habsburgische Truppen. Auch die Aufstände in Ungarn und in Italien werden blutig niedergeschlagen. Robert Blum, Volkstribun, leidenschaftlicher Parlamentarier, einer der großen Vorväter der Republik, geboren 1807 in Köln, wird aufgrund seiner Unterstützung der revolutionären Bewegung in Wien hingerichtet.

November 1848
Einnahme Berlins. Die preußische Nationalversammlung wird aufgelöst und nach Brandenburg verlegt.

Mai/Juni 1849
Volksaufstände in Sachsen, Baden und in der Pfalz, um die Einführung der Reichsverfassung zu erzwingen.
Gewaltsame Unterdrückung durch preußische Truppen, besonders bei Rastatt in Baden.
Rund 500000 Deutsche emigrieren nach Nordamerika.

Ritt König Friedrich Wilhelms IV. durch die Straßen von Berlin
Zeichnung von H. Binde (1848)

Hubert Albus: Von Napoleon Bonaparte bis zum Scheitern der Revolution 1848

GE	Name:	Datum:	

Sturm über Europa – Revolutionen im Frühjahr 1848

❶ Im Frühjahr 1848 erfasste Europa eine Revolutionswelle. Finde mithilfe der Karte heraus, wo es überall Aufstände gab. Trage die Städte auf die Leerzeilen unten.

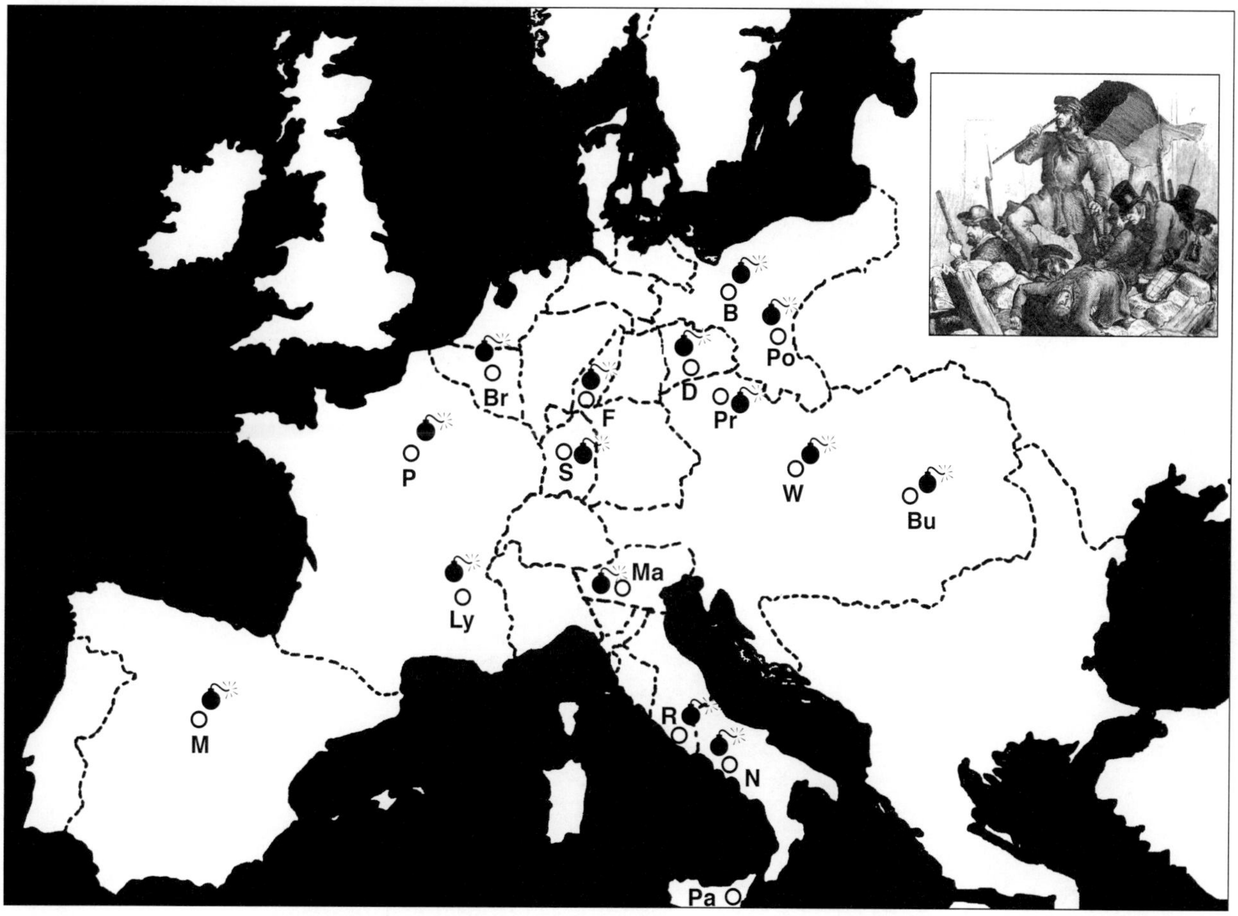

❷ Wo begann die Revolution 1848? Was war die Ursache?

❸ Fasse kurz den Verlauf der Märzrevolution in Berlin 1848 zusammen.

GE | Lösung

Sturm über Europa – Revolutionen im Frühjahr 1848

❶ Im Frühjahr 1848 erfasste Europa eine Revolutionswelle. Finde mithilfe der Karte heraus, wo es überall Aufstände gab. Trage die Städte auf die Leerzeilen unten.

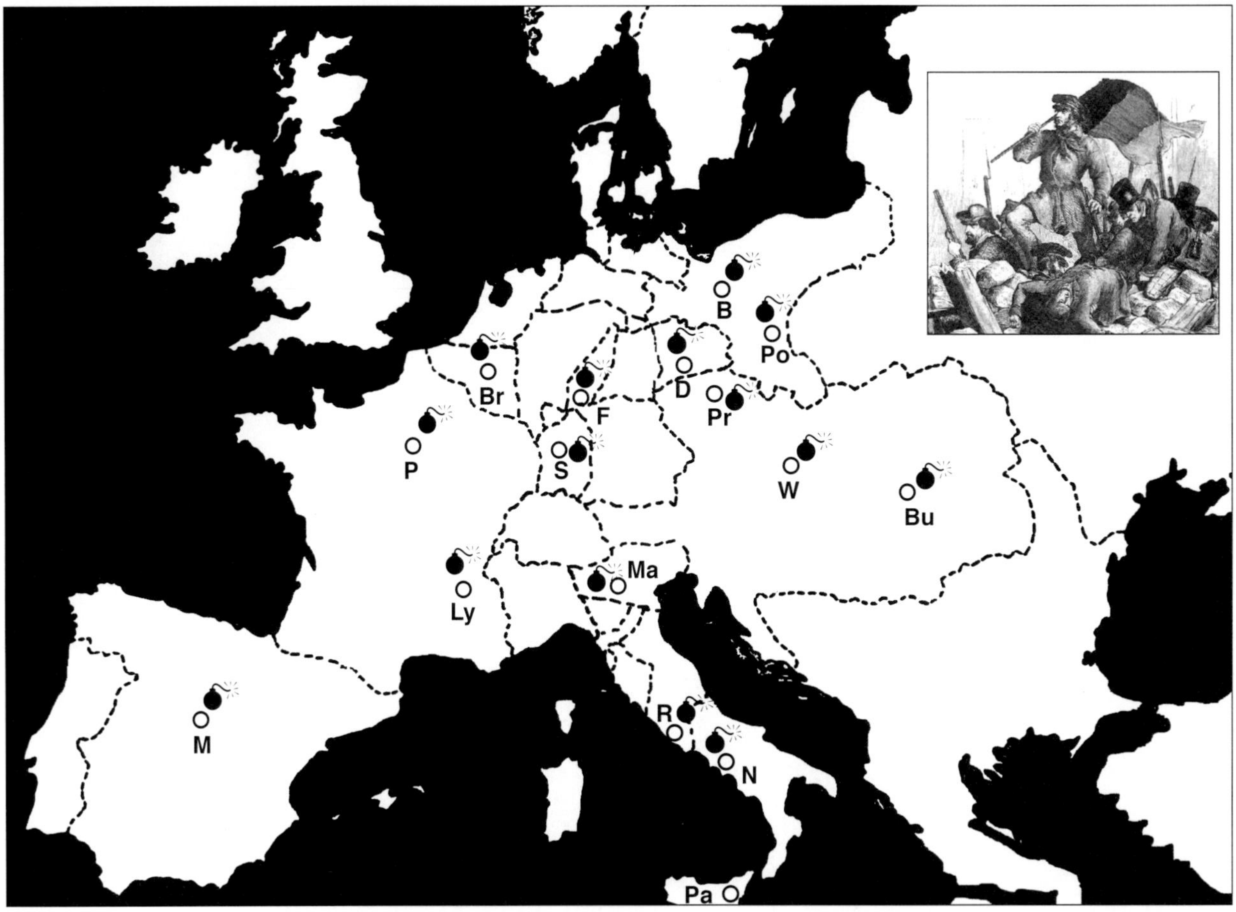

P = Paris, M = Madrid, Ly = Lyon, Br = Brüssel, Ma = Mailand, R = Rom, N = Neapel, Pa = Palermo, W = Wien, Bu = Budapest, Pr = Prag, S = Stuttgart, F = Frankfurt, D = Dresden, B = Berlin, Po = Posen

❷ Wo begann die Revolution 1848? Was war die Ursache?

Februarrevolution in Paris. Unzufriedenheit mit der restaurativen Politik von König Louis Philippe, der eine Reform des Wahlrechts (mehr Mitsprache des Volkes) ablehnte.

❸ Fasse kurz den Verlauf der Märzrevolution in Berlin 1848 zusammen.

In Berlin kommt es am 18. März zu gewaltsamen Auseinandersetzungen zwischen Demonstranten und Militär. König Friedrich Wilhelm IV. lässt die Kampfhandlungen einstellen, die Truppen ziehen ab. Knapp 200 Menschen haben ihr Leben verloren. Der König muss die „Märzgefallenen“ grüßen und mit schwarzrotgoldener Schärpe durch Berlin reiten. Allerdings wird der Obrigkeitsstaat später wieder hingenommen, ja sogar gefeiert.

Hubert Albus: Von Napoleon Bonaparte bis zum Scheitern der Revolution 1848
Best.-Nr. 060

18. März 1848: Märzrevolution in Berlin

Schon seit Februar 1848 gab es in der Berliner Bevölkerung Unruhe und politische Proteste, das Bürgertum forderte mehr Rechte und Reformen. Die Forderungen waren z. B. Einrichtung eines Parlaments und Einführung der Pressefreiheit. Der preußische König Friedrich Wilhelm IV. stellte sich wochenlang taub, nur die Militärs schritten regelmäßig ein, sodass sich Frust und Wut immer mehr aufstauten.

Am 18. März wollte der König am Schloss eine Proklamation verlesen. Tausende Berliner sammelten sich in der Breiten Straße, die damals direkt in den Schlossplatz mündete. Noch während der Rede des Königs fielen zwei Schüsse. Die Stimmung kippte um, die Proteste entwickelten sich innerhalb weniger Stunden zu einem Aufstand, der die gesamte Innenstadt Berlins umfasste. Überall wurden Barrikaden gebaut und angezündet, bei den Kämpfen starben auf beiden Seiten mehrere hundert Menschen.

Der König war unfähig zu reagieren. Er verfasste eine Proklamation „An meine lieben Berliner“, in der er zur Räumung der Barrikaden aufforderte. Doch die Bürger verlangten zuerst den Rückzug des Militärs, und tatsächlich ordnete Friedrich Wilhelm IV. den Abzug der Soldaten aus der Stadt an.

Am 22. März wurden 183 Märzgefallene auf dem Friedhof im Friedrichshain beerdigt. Der Leichenzug zog am Schloss vorbei. Als der König heraustrat, riefen die Menschen „Hut ab“. Entblößten Hauptes erwies er den Toten die letzte Ehre, was viele Adlige ihm als Kapitulation vor dem gemeinen Volk auslegten.

Der 18. März 1848 war der Beginn der Deutschen Revolution 1848/49, die sich noch bis zum Oktober 1849 hinzog. Damals war sie nicht unmittelbar erfolgreich, aber langfristig hat sie für ein bürgerliches Selbstbewusstsein gesorgt. Und bis zum 9. November 1989 war es die einzige deutsche Revolution.

Carl Schurz berichtet in seinen Lebenserinnerungen:

Nachdem das Militär aus Berlin abmarschiert war, geschah etwas, das an wuchtigem dramatischen Interesse wohl niemals in der Geschichte der Revolution übertroffen worden ist. Stille, feierliche Züge von Männern, Frauen und Kindern bewegten sich dem königlichen Schlosse zu. Die Männer trugen auf ihren Schultern Bahren mit den Leichen der in der Straßenschlacht getöteten Volkskämpfer – die verzerrten Züge und die klaffenden Wunden der Gefallenen unbedeckt, aber mit Lorbeer und Blumen umkränzt. So marschierten diese Züge langsam und schweigend in den inneren Schlosshof, wo man die Bahren in Reihen stellte – eine grausige Leichenparade – und dazwischen die Männer, teils noch mit zerrrissenen Kleidern und pulvergeschwärzten und blutbefleckten Gesichtern, und in den Händen die Waffen, mit denen sie auf den Barrikaden gekämpft; und bei ihnen Frauen und Kinder, die ihre Toten beweinten. Auf den dumpfen Ruf der Menge erschien Friedrich Wilhelm IV. in einer oberen Galerie, blass und verstört, an seiner Seite die weinende Königin. „Hut ab!“, hieß es, und der König entblößte sein Haupt vor den Leichen da unten. Da erklang aus der Volksmasse heraus eine tiefe Stimme und begann den Choral: „Jesus, meine Zuversicht“, und alles stimmte ein in den Gesang. Als er beendet war, trat der König mit der Königin still zurück, und die Leichenträger mit ihrem Gefolge schritten in grimmiger Feierlichkeit langsam davon.

Barrikade in der Breiten Straße in der Nacht vom 18. auf den 19. März 1848 in Berlin

Auch ein Totentanz aus dem Jahre 1848
Holzschnitt von Alfred Rethel (1848), 6. Blatt

Auch ein Totentanz aus dem Jahre 1848
Holzschnitt von Alfred Rethel (1848), 5. Blatt

GE	Name:	Datum:	

Die Märzrevolution 1848 in Deutschland

❶ Welche Ursachen hatte die Märzrevolution in Deutschland?

Berlin Alexanderplatz

❷ Welche Forderungen stellten die Revolutionäre (Liberale, Demokraten, Bürger, Adelige, Handwerker, Bauern, Arbeiter)?

❸ Der Holzschnitt von Alfred Rethel heißt „Totentanz aus dem Jahre 1848“. Was soll er darstellen?

❹ Was wollen die beiden Karikaturen unten aussagen?

„Zwischen mich und mein Volk soll sich kein Blatt Papier drängen.“

Metternich flieht
Stich von H. Reschauer (1876)

GE | Lösung

Die Märzrevolution 1848 in Deutschland

Berlin Alexanderplatz

❶ Welche Ursachen hatte die Märzrevolution in Deutschland?

Unzufriedenheit mit den Ergebnissen des Wiener Kongresses von 1815; Deutschland ist kein Nationalstaat (Deutscher Bund); Einschränkung der Grundrechte; Konjunkturkrise (durch Mechanisierung); Massenarmut (Pauperismus) in den Unterschichten (Bauern, Arbeiter); Hungersnöte

❷ Welche Forderungen stellten die Revolutionäre (Liberale, Demokraten, Bürger, Adelige, Handwerker, Bauern, Arbeiter)?

Abschaffung des Deutschen Bundes → Nationalstaat mit Parlament und freiheitlicher Verfassung; Rechtsgleichheit; Glaubensfreiheit; Recht auf freie Meinungsäußerung; allgemeines Wahlrecht; Pressefreiheit; Versammlungsfreiheit; Freiheit von Kunst, Wissenschaft und Lehre; Recht auf Arbeit; gerechte Entlohnung; ausreichende Grundversorgung; Volksbewaffnung; Schwurgerichte

❸ Der Holzschnitt von Alfred Rethel heißt „Totentanz aus dem Jahre 1848". Was soll er darstellen?

Das sechste Blatt der Holzschnitte zeigt das Ende der Revolution 1848. Mit dem Lorbeerkranz des Siegers geschmückt, reitet der Tod mit einer Fahne in der Hand über die Barrikaden. Mutter und Kind beklagen die Toten.

❹ Was wollen die beiden Karikaturen unten aussagen?

Die erste Karikatur ist mit einem Zitat König Friedrich Wilhelms IV. unterlegt. Er ist nicht willens, seine durch das Gottesgnadentum legitimierte Herrschaft durch ein „Blatt Papier", nämlich eine Verfassung, schmälern zu lassen. Der König versucht, die Tür vor den Abgeordneten mit ihrer Forderung nach einer demokratischen Verfassung zu verschließen. Dabei wird er vom Militär unterstützt.

Die zweite Karikatur zeigt die Flucht von Fürst Metternich am 13. März 1848 nach England. Er wird als Lügner mit einer langen Nase dargestellt, weil er die Hoffnungen der Völker auf Freiheit nicht erfüllt hat.

„Zwischen mich und mein Volk soll sich kein Blatt Papier drängen."

Metternich flieht
Stich von H. Reschauer (1876)

Hubert Albus: Von Napoleon Bonaparte bis zum Scheitern der Revolution 1848
Best.-Nr. 060

Die Nationalversammlung und ihr bitteres Ende

Lerninhalte:

- Wissen um die Ziele, die sich die Nationalversammlung gesteckt hatte
- Kenntnis von Auszügen aus der Verfassung von 1849
- Fähigkeit, die Paulskirchenverfassung 1848 mit dem Grundgesetz 1949 zu vergleichen
- Erkennen der Probleme, mit denen die Nationalversammlung zu kämpfen hatte
- Erkenntnis, woran die Frankfurter Nationalversammlung und damit die Reichsbildung scheiterte

Arbeitsmittel/Medien:

- Arbeitsblatt 1: Paulskirchenverfassung 1848 und Grundgesetz 1949
- Arbeitsblatt 2: Die Nationalversammlung 1848 und ihr bitteres Ende
- Folien 1/2: Die Nationalversammlung in der Frankfurter Paulskirche/Chronik
- Folien 3/4: Lösungsblätter zu den Arbeitsblättern 1/2
- Gruppenarbeitsblatt: Die Verfassung von 1849
- Bild 1 für die Tafel: Reichsverweser Erzherzog Johann in Frankfurt am Main 1848
- Bild 2 für die Tafel: Frankfurter Paulskirche 1848
- Video 4200849: Die Paulskirche (1989; 23 Minuten; schwarz-weiß + farbig)
- Video 4204969: Die Geburt der deutschen Nation 1806–1848 (1998; 30 Minuten; farbig)

Folie 2

Chronik der Nationalversammlung 1848/49

Mai 1848
Eröffnung der ersten deutschen Nationalversammlung in der Paulskirche in Frankfurt am Main. Erzherzog Johann von Österreich wurde zum Reichsverweser gewählt und ein Reichsministerium eingesetzt. Heinrich von Gagern wurde erster Präsident der Nationalversammlung.

Mai bis Dezember 1848
Lange Beratungen der Nationalversammlung über die Grundrechte der Deutschen

27. Dezember 1848
Verabschiedung der „Grundrechte des deutschen Volkes“

Anfang 1849
Beratungen in der deutschen Nationalversammlung in Frankfurt über die Neugestaltung des Reiches: Heftige Debatte um eine „großdeutsche“ (ein Reich mit Österreich) oder eine „kleindeutsche“ Lösung (ein Reich unter Preußens Führung ohne Österreich). Entscheidung für die „kleindeutsche“ Lösung. Außerdem wurde über die Regierungsform sowie die Verfassung beraten (Bürger- und Menschenrechte, Rechte des Parlaments, Wahlsystem).

28. März 1849
Verkündung der Verfassung des Deutschen Reiches

3. April 1849
Ablehnung der Kaiserkrone, der „Krone von Volkes Gnaden“, ein „Reif aus Dreck und Letten“, durch König Friedrich Wilhelm IV. von Preußen.

Mai 1849
Aufstände in Sachsen, Baden und der Pfalz. Abberufung der preußischen und österreichischen Abgeordneten aus der Nationalversammlung.

18. Juni 1849
Auflösung des Rumpfparlaments in Stuttgart

1850
Wiedereröffnung des alten Bundestages in Frankfurt. Der Deutsche Bund von 1815 wurde als loser Staatenbund wiederhergestellt. Der Versuch des Volkes, Deutschland zu einigen, scheiterte.

Verlaufsskizze (2 UE)

I. Motivation

Stummer Impuls Aussprache Lehrerinformation	Tafel Bild 1 (S. 111)	Reichsverweser Erzherzog Johann in Frankfurt am Main 1848 Ein Reichsverweser nimmt die Vertretung des Monarchen während längerer Abwesenheit des Königs oder in der Zeit zwischen dessen Tod und der Thronbesteigung seines Nachfolgers ein. Der Begriff „Verweser" kommt aus dem Althochdeutschen und bedeutet „eine Stelle vertreten".
Stummer Impuls Aussprache Überleitung Zielangabe	Tafel Bild 2 (S. 112)	Paulskirche in Frankfurt am Main L: Hier wird in den Jahren 1848/49 Politik gemacht. **Die Nationalversammlung und ihr bitteres Ende**

II. Begegnung/Erarbeitung

Erlesen/Aussprache Lehrerinformation	Folie 1 (S. 113)	Das Nationalversammlung in der Frankfurter Paulskirche Die Nationalversammlung zählte knapp 800 Personen. Die Abgeordneten stammten aus verschiedenen Bereichen: Vertreter geistiger und freier Berufe, Staats- und Gemeindediener, Parlamentarier, Anwälte, Richter, Staatsanwälte, Beamte, Professoren und Handwerker. Letztere waren im Vergleich zu den anderen Gruppen jedoch mit nur vier Personen vertreten. Arbeiter wurden komplett ausgeschlossen. Da diese Schichten fast alle zu den Gebildeteren des Bürgertums gehörten, sprach man auch vom „Professorenparlament".
Gruppenarbeit	Gr.arbeitsblatt (S. 114)	Die Verfassung von 1849
Aussprache		
Zusammenfassung	Folie 1 (S. 109)	Chronik der Nationalversammlung 1848/49
Zusammenfassung Aussprache	Videofilm	Die Paulskirche (23 Minuten)

III. Wertung

Leitfragen		Warum stieß diese Verfassung bei der Obrigkeit auf so heftigen Widerstand? Warum scheiterte die Revolution von 1848? Warum ist die Paulskirchenverfassung so modern?
Aussprache Ergebnisse	Tafel	• Wiedererstarken der Fürstenmacht • politische Ohnmacht der Nationalversammlung gegen Monarchen • zerstrittenes Parlament, das zu zögerlich arbeitete • fehlende Führungspersönlichkeit im Parlament • Ablehnung der Kaiserkrone durch König Friedrich Wilhelm IV. • Streit um eine klein- oder großdeutsche Lösung • revolutionäre Ideale nicht mehr vorhanden • Auseinanderentwicklung der liberalen und nationalen Bewegungen

IV. Sicherung

Zusammenfassung	Arbeitsblatt 1 (S. 115)	Paulskirchenverfassung 1848 und Grundgesetz 1949
Kontrolle	Folie 3 (S. 116)	
	Arbeitsblatt 2 (S. 117)	Die Nationalversammlung 1848 in der Paulskirche
Kontrolle	Folie 4 (S. 118)	

V. Ausweitung

Zusammenfassung Aussprache	Videofilm	Die Geburt der deutschen Nation 1806–1848 (30 Minuten)

Reichsverweser Erzherzog Johann wird in Frankfurt 1848 begeistert empfangen.

Frankfurter Paulskirche 1848

Die Nationalversammlung in der Frankfurter Paulskirche

Vorparlament am 30. März 1848 in Frankfurt am Main

- Vertreter der Landtage und Ständekammern mit Forderungen nach mehr bürgerliche Freiheiten, einem geeinten deutschen Vaterland, einer fortschrittlichen Verfassung und einer direkt gewählten Volksvertretung.
- Beschluss: Wahlen für die Nationalversammlung (Wahlen in allen deutschen Klein- und Mittelstaaten; wahlberechtigt: volljährige Männer; Wahlbeteiligung: 75 %)

Nationalversammlung am 18. Mai 1848 in der Paulskirche in Frankfurt am Main

- erstes frei gewähltes gesamtdeutsches Parlament
- Abgeordnete vorwiegend Beamte, Professoren, Bankiers; nur vier Handwerker und ein Landwirt
- Bildung fester Fraktionen im Parlament
- Einsetzen einer vorläufiger Zentralgewalt: Erzherzog Johann von Österreich wird zum Reichsverweser gewählt. Er ernennt Regierung.
- Verabschiedung der Grundrechte 1848: Persönliche und politische Freiheit, Gleichheit aller vor dem Gesetz, Glaubens-und Gewissensfreiheit, Meinungs- und Pressefreiheit ...
- Aber: Frauen ohne politische Rechte
- Verabschiedung der Verfassung 1849: konstitutionelle Monarchie mit Erbkaisertum für ein kleindeutsches Reich ohne Österreich
- Gewaltenteilung

Ende der Nationalversammlung

- Preußen und Österreich boykottieren die Beschlüsse der Nationalversammlung.
- Friedrich Wilhelm IV. von Preußen lehnt die ihm von der Nationalversammlung angebotene Krone „aus Dreck und Letten“ ab.
- Er verbietet den preußischen Abgeordneten weitere Teilnahme an der Nationalversammlung
- Aufstände im Rheinland, in der Pfalz und in Dresden
- Bildung einer demokratischen Regierung in Baden
- Preußen schlägt Aufstände militärisch nieder.
- Ein Restparlament tagt in Stuttgart, wird aber vom Militär am 18. Juni 1849 aufgelöst.

Gründe für Scheitern der Nationalversammlung

- Widerstand der Dynastien Preußen und Österreich
- Das liberale Bürgertum sucht Kompromisse mit den Fürsten statt Verbrüderung mit dem Volk.
- Machtlosigkeit gegenüber den Staaten des Deutschen Bundes

Nationalversammlung in der Paulskirche 1848. Kolorierte Zeichnung von Ludwig von Elliott (1848)

Die Verfassung von 1849

In der Verfassung von 1849 gilt das Prinzip der **Gewaltenteilung**.
An der Spitze der **Exekutive** steht der **Kaiser** der Deutschen, dessen Kaisertum erblich ist. Er ernennt und entlässt die Reichsregierung und hat den Oberbefehl über das Heer. Dem Kaiser obliegt die völkerrechtliche Vertretung des Reiches.
Unter der zentralen Ebene des Reiches stehen die 38 Länder mit den Länderregierungen als Exekutive. Es gilt also das Prinzip des Föderalismus.
Der **Reichstag** ist die **Legislative** auf Bundesebene, er beschließt die Gesetze. Allerdings besitzt der Kaiser ein aufschiebendes Veto. Der Reichstag setzt sich zusammen aus **Volkshaus** und **Staatenhaus**. Er kontrolliert die Reichsregierung. Im Volkshaus sitzen die Vertreter der Wahlbürger. Das Staatenhaus setzt sich zusammen aus den Vertretern der 38 Länderregierungen und der 38 Landtage und vertritt die Interessen der Länder.
Das **Reichsgericht** gehört zur **Judikative**. Es gelten die Grundrechte.
Die **Wähler** wählen ihre Vertreter ins Volkshaus bzw. in die Landtage. Gewählt wird nach allgemeinem, gleichem, geheimem und direktem Wahlrecht.
Nichtwähler und damit von der Politik ausgeschlossen sind Frauen sowie Männer unter 25 Jahren.

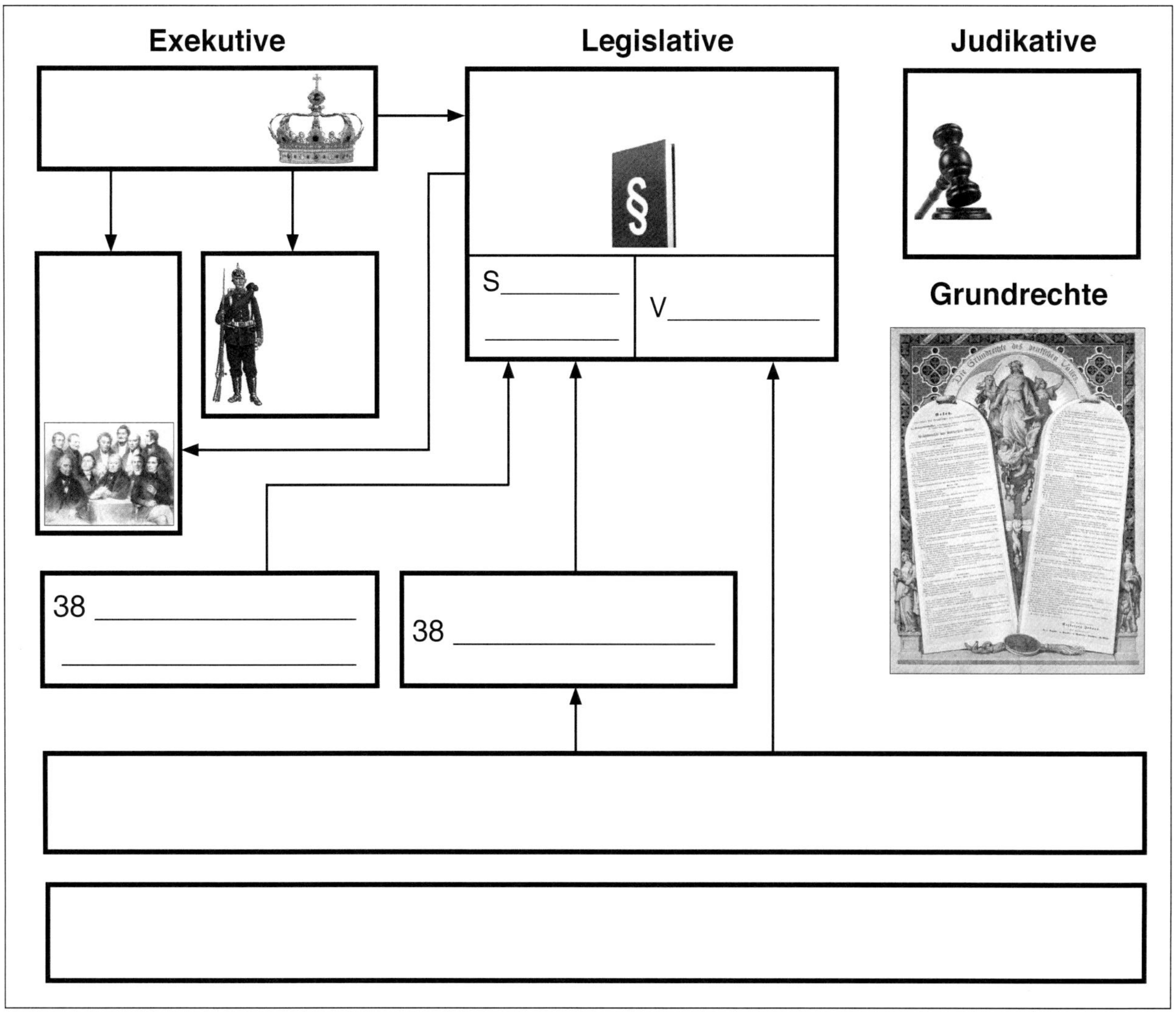

Arbeitsaufgaben

❶ Auf wen geht das Prinzip der Gewaltenteilung zurück?
❷ Übersetze die Begriffe „Exekutive“, „Legislative“ und „Judikative“.
❸ Beurteile die Position des Kaisers.
❹ Trage die passenden Begriffe aus dem Text in die Grafik ein.

Hubert Albus: Von Napoleon Bonaparte bis zum Scheitern der Revolution 1848
Best.-Nr. 060

GE	Name: ______________________	Datum: ____________	

Paulskirchenverfassung 1848 und Grundgesetz 1949

Verbinde die jeweils zusammengehörigen Verfassungen. Suche dann im Grundgesetz die richtigen Artikelziffern heraus.

§ 137. ... Die Deutschen sind vor dem Gesetz gleich. ... Die öffentlichen Ämter sind für alle Befähigten gleich zugänglich.

§ 138. Die Freiheit der Person ist unverletzlich.

§ 140. Die Wohnung ist unverletzlich.

§ 143. Jeder Deutsche hat das Recht, durch Wort, Schrift, Druck und bildliche Darstellung seine Meinung frei zu äußern.

§ 144. Jeder Deutsche hat volle Glaubens- und Gewissensfreiheit. Niemand ist verpflichtet, seine religiöse Überzeugung zu offenbaren.

§ 152. Die Wissenschaft und ihre Lehre ist frei.

§ 153. Das Unterrichts- und Erziehungswesen steht unter der Oberaufsicht des Staates und ist, abgesehen vom Religionsunterricht, der Beaufsichtigung der Geistlichkeit als solcher enthoben.

§ 158. Es steht einem jeden frei, seinen Beruf zu wählen und sich für denselben auszubilden, wie und wo er will.

§ 159. Jeder Deutsche hat das Recht, sich mit Bitten und Beschwerden schriftlich an die Behörden, an die Volksvertretung und an den Reichstag zu wenden.

§ 161. Die Deutschen haben das Recht, sich friedlich und ohne Waffen zu versammeln; einer besonderen Erlaubnis bedarf es nicht.

§ 162. Die Deutschen haben das Recht, Vereine zu bilden.

Artikel Absatz 1:
Die Wohnung ist unverletzlich.

Artikel Absatz 1:
Alle Deutschen haben das Recht, Vereine und Gesellschaften zu bilden.

Artikel Absatz 1:
Jeder hat das Recht, seine Meinung in Wort, Schrift und Bild frei zu äußern.

Artikel Absatz 1:
Die Freiheit des Glaubens, des Gewissens und die Freiheit des religiösen und weltanschaulichen Bekenntnisses sind unverletzlich.

Artikel Absatz 1:
Das gesamte Schulwesen steht unter Aufsicht des Staates.

Artikel Absatz 2:
Jeder Deutsche hat nach Eignung, Befähigung und fachlicher Leistung gleichen Zugang zu jedem öffentlichen Amte.

Artikel Absatz 3:
Der Religionsunterricht wird in Übereinstimmung mit den Religionsgemeinschaften erteilt.

Artikel Absatz 1:
Alle Deutschen haben das Recht, Beruf, Arbeitsplatz und Ausbildungsstätte frei zu wählen.

Artikel Absatz 1:
Alle Menschen sind vor dem Gesetz gleich.

Artikel :
Jedermann hat das Recht, sich einzeln oder in Gemeinschaft mit anderen schriftlich mit Bitten oder Beschwerden an die zuständigen Stellen und an die Volksvertretung zu wenden.

Artikel Absatz 1:
Alle Deutschen haben das Recht, sich ohne Anmeldung oder Erlaubnis friedlich und ohne Waffen zu versammeln.

Artikel Absatz 3:
Kunst, Wissenschaft, Forschung und Lehre sind frei.

GE Lösung

Verfassung der Paulskirche 1848 und Grundgesetz 1949

Verbinde die jeweils zusammengehörigen Verfassungen. Suche dann im Grundgesetz die richtigen Artikelziffern heraus.

§ 137. ... Die Deutschen sind vor dem Gesetz gleich. ... Die öffentlichen Ämter sind für alle Befähigten gleich zugänglich.

§ 138. Die Freiheit der Person ist unverletzlich.

§ 140. Die Wohnung ist unverletzlich.

§ 143. Jeder Deutsche hat das Recht, durch Wort, Schrift, Druck und bildliche Darstellung seine Meinung frei zu äußern.

§ 144. Jeder Deutsche hat volle Glaubens- und Gewissensfreiheit. Niemand ist verpflichtet, seine religiöse Überzeugung zu offenbaren.

§ 152. Die Wissenschaft und ihre Lehre ist frei.

§ 153. Das Unterrichts- und Erziehungswesen steht unter der Oberaufsicht des Staates und ist, abgesehen vom Religionsunterricht, der Beaufsichtigung der Geistlichkeit als solcher enthoben.

§ 158. Es steht einem jeden frei, seinen Beruf zu wählen und sich für denselben auszubilden, wie und wo er will.

§ 159. Jeder Deutsche hat das Recht, sich mit Bitten und Beschwerden schriftlich an die Behörden, an die Volksvertretung und an den Reichstag zu wenden.

§ 161. Die Deutschen haben das Recht, sich friedlich und ohne Waffen zu versammeln; einer besonderen Erlaubnis bedarf es nicht.

§ 162. Die Deutschen haben das Recht, Vereine zu bilden.

Artikel *13* Absatz 1:
Die Wohnung ist unverletzlich.

Artikel *9* Absatz 1:
Alle Deutschen haben das Recht, Vereine und Gesellschaften zu bilden.

Artikel *5* Absatz 1:
Jeder hat das Recht, seine Meinung in Wort, Schrift und Bild frei zu äußern.

Artikel *4* Absatz 1:
Die Freiheit des Glaubens, des Gewissens und die Freiheit des religiösen und weltanschaulichen Bekenntnisses sind unverletzlich.

Artikel *7* Absatz 1:
Das gesamte Schulwesen steht unter Aufsicht des Staates.

Artikel *33* Absatz 2:
Jeder Deutsche hat nach Eignung, Befähigung und fachlicher Leistung gleichen Zugang zu jedem öffentlichen Amte.

Artikel *2* Absatz 2:
Jeder hat das Recht auf Leben und körperliche Unversehrtheit. Die Freiheit der Person ist unverletzlich.

Artikel *12* Absatz 1:
Alle Deutschen haben das Recht, Beruf, Arbeitsplatz und Ausbildungsstätte frei zu wählen.

Artikel *3* Absatz 1:
Alle Menschen sind vor dem Gesetz gleich.

Artikel *17*:
Jedermann hat das Recht, sich einzeln oder in Gemeinschaft mit anderen schriftlich mit Bitten oder Beschwerden an die zuständigen Stellen und an die Volksvertretung zu wenden.

Artikel *8* Absatz 1:
Alle Deutschen haben das Recht, sich ohne Anmeldung oder Erlaubnis friedlich und ohne Waffen zu versammeln.

Artikel *5* Absatz 3:
Kunst, Wissenschaft, Forschung und Lehre sind frei.

GE	Name: ______________________	Datum: ______________	

Die Nationalversammlung 1848 und ihr bitteres Ende

❶ Was ist im Bild rechts dargestellt?

____

____

____

____

____

❷ Wie hieß der erste Präsident der Nationalversammlung?

____

❸ Ergänze das Schema, das die Verfassung vom 28. März 1849 zeigt.

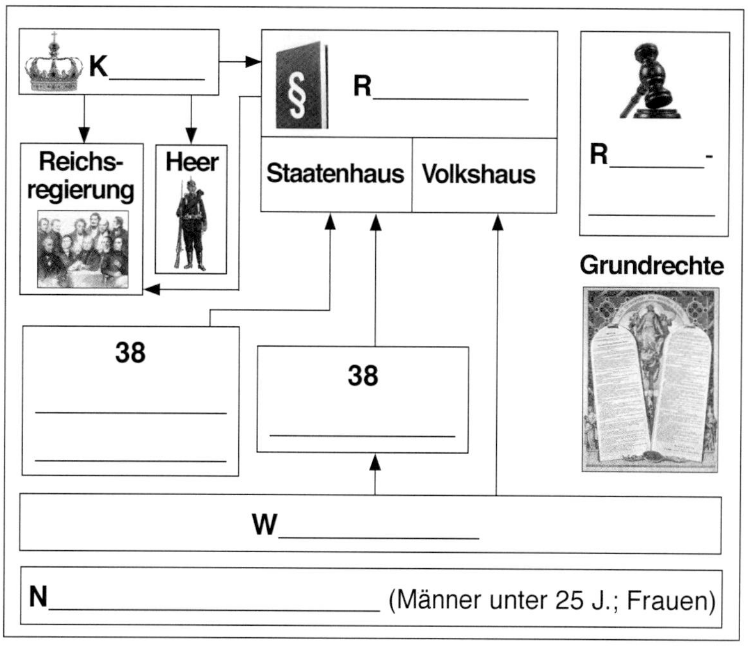

❹ Was wurde am 27. Dezember 1848 verabschiedet?

____

____

❺ Eine Streitfrage erhitzte die Gemüter der Abgeordneten besonders. Welche?

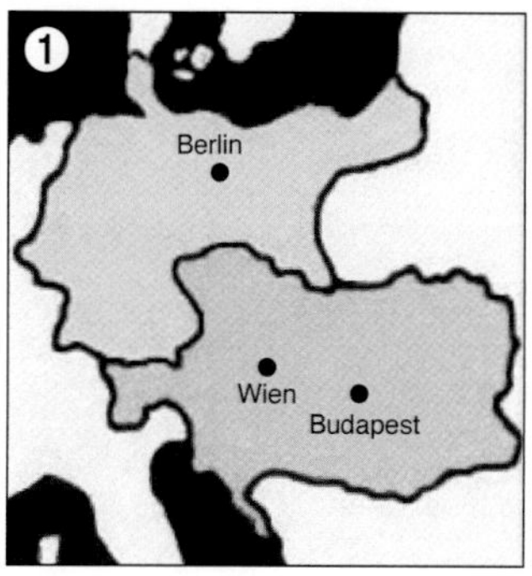

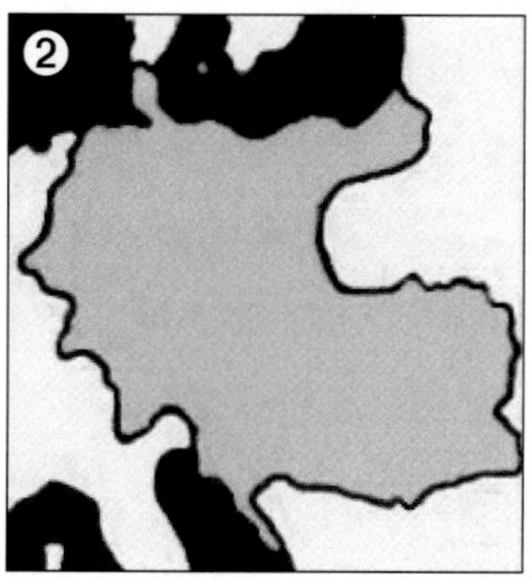

____

____

____

____

____

____

____

❻ Warum scheiterte die Revolution von 1848?

____

____

____

____

GE | Lösung

Die Nationalversammlung 1848 und ihr bitteres Ende

❶ Was ist im Bild rechts dargestellt?

Einzug der Abgeordneten der ersten deutschen Nationalversammlung in die Paulskirche in Frankfurt am Main am 30. März 1848. Die Frankfurter Nationalversammlung tagte dort vom 18. Mai 1848 bis zum 31. Mai 1849.

❷ Wie hieß der erste Präsident der Nationalversammlung?

Heinrich Freiherr von Gagern (liberaler Politiker)

❸ Ergänze das Schema, das die Verfassung vom 28. März 1849 zeigt.

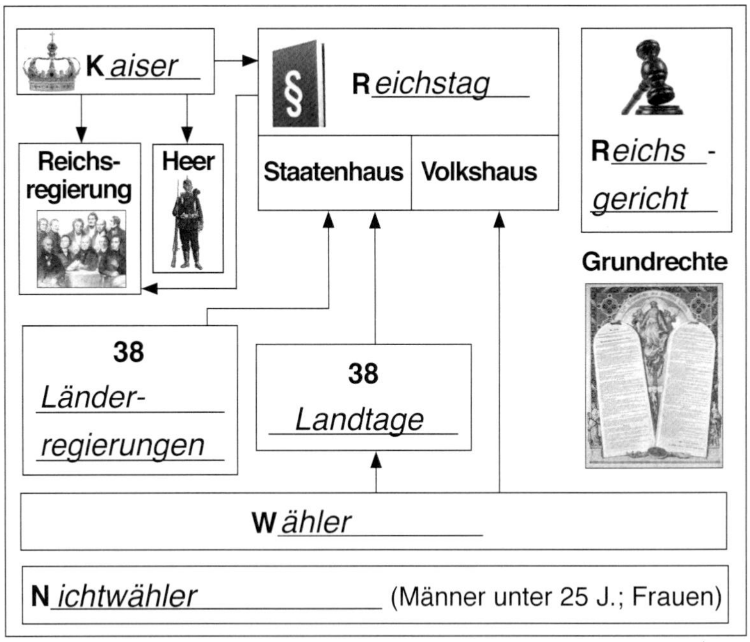

❹ Was wurde am 27. Dezember 1848 verabschiedet?

Verabschiedung der Grundrechte des deutschen Volkes

❺ Eine Streitfrage erhitzte die Gemüter der Abgeordneten besonders. Welche?

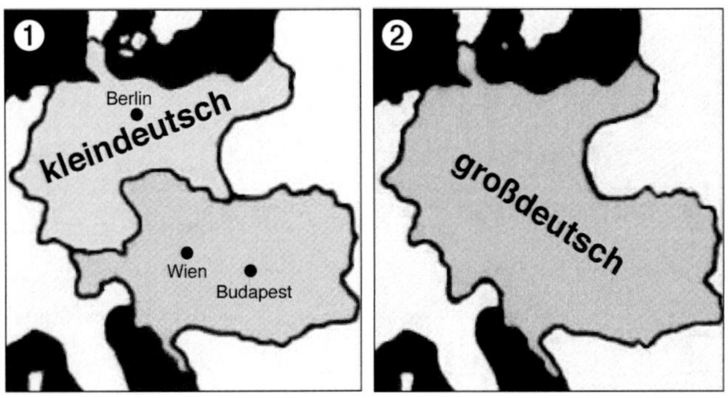

Heftige Debatte um eine „großdeutsche" (ein Reich mit Österreich) oder eine „kleindeutsche" (ein Reich unter Preußens Führung, ohne Österreich) Lösung → „kleindeutsche" Lösung

❻ Warum scheiterte die Revolution von 1848?

Ablehnung der Kaiserkrone durch König Friedrich Wilhelm IV. von Preußen; Parlament ohne Macht; zerstritten; zu langsame Entscheidungen; Glaube an revolutionäre Ideale nicht mehr vorhanden; liberale und nationale Bewegungen entwickeln sich auseinander

GE	Name: ______________________	Datum: ______________	

Restauration und Revolution – was weißt du noch? (1)

❶ Welche Personen sind auf den Bildern unten dargestellt? Beruf? Leistung? (16 P.)

① ____

② ____

③ ____

④ ____

⑤ ____

⑥ ____

⑦ ____

⑧ ____

❷ Welches Ereignis zeigt das Bild unten? Wann? Ergebnis? (8 P.)

____

____

____

____

____

____

____

____

GE Lösung

Restauration und Revolution – was weißt du noch? (1)

❶ Welche Personen sind auf den Bildern unten dargestellt? Beruf? Leistung? (16 P.)

① 
② 
③ 
④ 
⑤ 
⑥ 
⑦ 
⑧ 

① *Klemens Wenzel Lothar Fürst von Metternich; österreichischer Staatsmann*

② *Maximilian von Montgelas; bayerischer Minister unter Maximilian I.*

③ *Heinrich Friedrich Karl Freiherr vom Stein; Staatsmann, Beamter, Reformer*

④ *Friedrich Wilhelm IV.; König von Preußen*

⑤ *Gerhard Johann David von Scharnhorst; preußischer General, Reformer*

⑥ *Georg Büchner; deutscher Schriftsteller, Naturwissenschaftler, Revolutionär*

⑦ *Heinrich Heine; Dichter, Schriftsteller, Journalist*

⑧ *Friedrich List; Wirtschaftstheoretiker, Unternehmer, Diplomat und Eisenbahn-Pionier*

❷ Welches Ereignis zeigt das Bild unten? Wann? Ergebnis? (8 P.)

Der Wiener Kongress vom 18. September 1814 bis 9. Juni 1815 legte in Europa die Grenzen neu fest. Als Ziele wurden die Wiederherstellung des politischen Zustandes von 1789 (Restauration), die Rechtfertigung der Ansprüche der alten Dynastien (Legitimität) und die gemeinsame Interessenpolitik der Fürsten zur Abwehr revolutionärer Ideen (Solidarität) erreicht.

GE	Name:	Datum:	

Restauration und Revolution – was weißt du noch? (2)

❸ Bringe die Bilder chronologisch in die richtige Reihenfolge. Ereignisse? (18 P.)

① ____________________

② ____________________

③ ____________________

④ ____________________

⑤ ____________________

⑥ ____________________

❹ Die Karte auf der rechten Seite zeigt die sogenannte „kleindeutsche" Lösung. Erkläre. Trage die Städte Berlin und Wien ein. (5 P.)

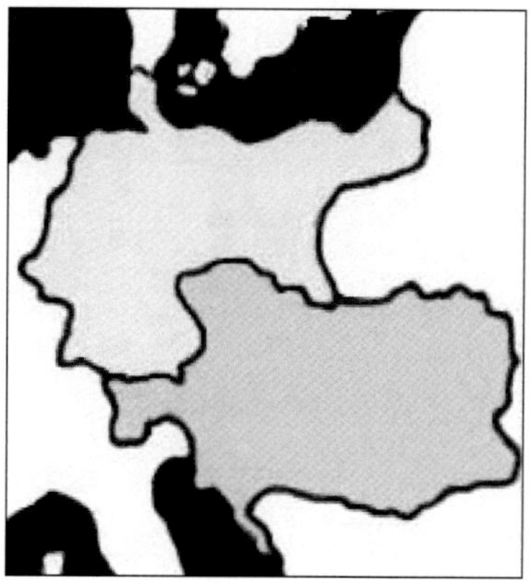

____

____

____

____

❺ Welche Gründe führten in Europa zum Ausbruch der Frühjahrsrevolutionen 1848? Kreuze richtig an. (4 P.)

☐ Kriege ☐ Missernten ☐ Abdankung der Monarchen

☐ Teuerungen ☐ politische Unterdrückung ☐ Armut/Not

❻ Wo tagte die Nationalversammlung 1848? (1 P.)

☐ Paulskirche in Frankfurt ☐ Reichstag in Berlin ☐ Bundestag in Bonn ☐ Allianzarena

❼ Warum scheiterte die Nationalversammlung und die Revolution von 1848? (4 P.)

____

____

____

56 Punkte

GE Lösung

Restauration und Revolution – was weißt du noch? (2)

❸ Bringe die Bilder chronologisch in die richtige Reihenfolge. Ereignisse? (18 P.)

① *C: Wartburgfest 1817; Treffen von Studenten; Protestaktionen gegen die Restauration*

② *B: Ermordung des Schriftstellers August von Kotzebue durch den Studenten Sand*

③ *F: Hambacher Fest 1832 mit Forderungen nach deutscher Einheit, Freiheit, Demokratie*

④ *D: Märzrevolution 1848 mit Forderungen nach Pressefreiheit, Wahlen, Parlament u. a.*

⑤ *A: Nationalversammlung 1848/49 in Frankfurt am Main mit Paulskirchenverfassung*

⑥ *E: Ablehnung der Kaiserkrone durch König Friedrich Wilhelm IV. von Preußen*

❹ Die Karte auf der rechten Seite zeigt die sogenannte „kleindeutsche" Lösung. Erkläre. Trage die Städte Berlin und Wien ein. (5 P.)

Unter der „kleindeutschen" Lösung ist die Vereinigung der Mitgliedstaaten des Deutschen Bundes unter Führung des Königs von Preußen und unter Ausschluss des Kaiserreiches Österreich zu verstehen.

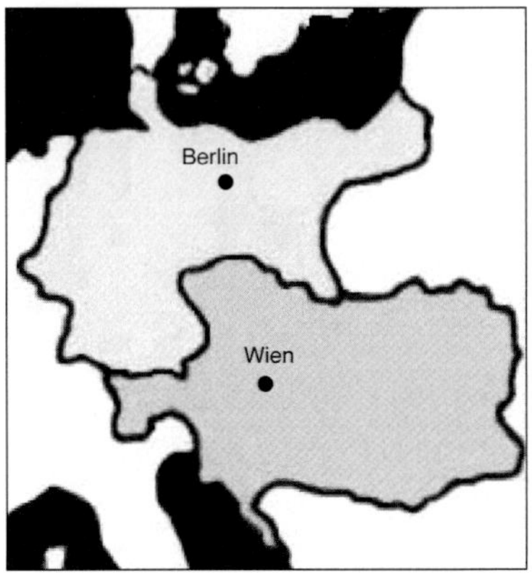

❺ Welche Gründe führten in Europa zum Ausbruch der Frühjahrsrevolutionen 1848? Kreuze richtig an. (4 P.)

☐ Kriege ☒ Missernten ☐ Abdankung der Monarchen

☒ Teuerungen ☒ politische Unterdrückung ☒ Armut/Not

❻ Wo tagte die Nationalversammlung 1848? (1 P.)

☒ Paulskirche in Frankfurt ☐ Reichstag in Berlin ☐ Bundestag in Bonn ☐ Allianzarena

❼ Warum scheiterte die Nationalversammlung und die Revolution von 1848? (4 P.)

Die Zustimmung zur Verfassung unterblieb von den großen Staaten Österreich, Bayern, Preußen, Sachsen und Hannover. König Friedrich Wilhelm IV. lehnte die Kaiserkrone ab. Das Parlament besaß keine Macht, das Rumpfparlament in Stuttgart wurde gewaltsam aufgelöst.

56 Punkte

Bildnachweis

S. 67: Karte Deutscher Bund. Aus: Die Welt im Spiegel der Geschichte. Geschichtsatlas © Bayerischer Schulbuchverlag, München 1951. S. 89: Karte Deutscher Zollverein. Aus: F. W. Putzgers historischer Schul-Altlas © Verlag Von Velhagen & Klasing, Bielefeld und Leipzig, 1905. S. 94: Karte Zollschranken. Aus: Unser Weg durch die Geschichte, Band 2 © Hirschgrabenverlag Frankfurt, 1972; Karte von Lists Einsenbahnnetz. Aus: Ebeling/ Birkenfeld: Reise in die Vergangenheit, Band 3 © Westermann Verlag, Braunschweig 1969; Karte Europa um 1815. Aus: F. W. Putzgers historischer Schul-Altlas © Verlag Von Velhagen & Klasing, Bielefeld und Leipzig, 1905. Karte Deutscher Zollverein. Aus: F. Fickenscher: Der Geschichtsunterricht, Band 4 © Prögel Verlag, Ansbach 1955.
Bilder aus: Illustrierte Weltgeschichte des 19. Jahrhunderts. Union Deutsche Verlagsgesellschaft, Stuttgart, Berlin, Leipzig, 1894

Textnachweis

S. 16: Karl Sievers: Napoleon, der Herr Europas. Geschichte in Erzählungen, Heft 54 © J. Beltz Verlag, Langensalza, Berlin, Leipzig, 1936. S. 32: Die Doppelschlacht von Jena und Auerstedt. Aus: Luise von Preußen und ihre Zeit © Hans Dieter Müller, Bruchsal. S. 33/35: 6. Juli 1807 – das Monarchentreffen in Tilsit. Aus: Luise von Preußen und ihre Zeit © Hans Dieter Müller, Bruchsal. S. 49–51: Karl Sievers: Napoleon, der Herr Europas. Geschichte in Erzählungen, Heft 54 © J. Beltz Verlag, Langensalza, Berlin, Leipzig, 1936. S. 74: Ermordung von August von Kotzebue. Nach: rbb.http://www.preussen-chronik.de. S. 75: Rede von J. G. A. Wirth aus: Carl Ludwig Börne: Briefe aus Paris 1830–1831 © Hoffmann & Campe 1829–1834. S. 84: Georg Büchner: Friede den Hütten! Krieg den Palästen! Projekt Gutenberg © 1994–2007.
S. 105: Aro Kuhrt: Märzrevolution 1848. Aus: Berlin Street vom 18. März 2008; Carl Schurz: Lebenserinnerungen. Verlag von Georg Reimer, Berlin 1906–1912.